I0567122

DISCLAIMER

The author and publisher are providing this book and its contents on an "as is" basis and make no representations or warranties of any kind with respect to this book or its contents. The author and publisher disclaim all such representations and warranties, including but not limited to warranties of merchantability. In addition, the author and publisher do not represent or warrant that the information accessible via this book is accurate, complete, or current.

Except as specifically stated in this book, neither the author nor publisher, nor any authors, contributors, or other representatives will be liable for damages arising out of or in connection with the use of this book. This is a comprehensive limitation of liability that applies to all damages of any kind, including (without limitation) compensatory; direct, indirect, or consequential damages; loss of data, income, or profit; loss of or damage to property; and claims of third parties.

Extra Graphic Material From: www.freepik.com
Thanks to: Alekksall, Starline, Pch.vector, Rawpixel.com, Vectorpocket, Dgim-studio, Upklyak, Macrovector, Stockgiu, Pikisuperstar & Freepik.com Designers

This Book Comes With Free Bonus Puzzles
Available Here:

BestActivityBooks.com/WSBONUS20

5 TIPS TO START!

1) HOW TO SOLVE

The Puzzles are in a Classic Format:

- Words are hidden without breaks (no spaces, dashes, ...)
- Orientation: Forward & Backward, Up & Down or in Diagonal (can be in both directions)
- Words can overlap or cross each other

2) ACTIVE LEARNING

To encourage learning actively, a space is provided next to each word to write down the translation. The **DICTIONARY** allows you to verify and expand your knowledge. You can look up and write down each translation, find the words in the Puzzle then add them to your vocabulary!

3) TAG YOUR WORDS

Have you tried using a tag system? For example, you could mark the words which have been difficult to find with a cross, the ones you loved with a star, new words with a triangle, rare words with a diamond and so on...

4) ORGANIZE YOUR LEARNING

We also offer a convenient **NOTEBOOK** at the end of this edition.
Whether on vacation, travelling or at home, you can easily organize your new knowledge without needing a second notebook!

5) FINISHED?

Go to the bonus section: **MONSTER CHALLENGE** to find a free game offered at the end of this edition!

Want more fun and learning activities? It's **Fast and Simple!**
An entire Game Book Collection just **one click away!**

Find your next challenge at:

BestActivityBooks.com/MyNextWordSearch

Ready, Set... Go!

Did you know there are around 7,000 different languages in the world? Words are precious.

We love languages and have been working hard to make the highest quality books for you. Our ingredients?

A selection of indispensable learning themes, three big slices of fun, then we add a spoonful of difficult words and a pinch of rare ones. We serve them up with care and a maximum of delight so you can solve the best word games and have fun learning!

Your feedback is essential. You can be an active participant in the success of this book by leaving us a review. Tell us what you liked most in this edition!

Here is a short link which will take you to your order page.

BestBooksActivity.com/Review50

Thanks for your help and enjoy the Game!

Linguas Classics Team

1 - Antiques

ક	ટ	◌ૃ	ય	ન	◌્	મ	◌ા	◌ા	સ	અ	◌ો	ખ	ક	શ	ઢ
ઝ	ટ	ક	ભ	વ	◌્	ય	ઈ	લ	◌ુ	ધ	ઈ	ઢ	ળ	ણ	જ
ઉ	ઈ	હ	◌્	મ	◌ં	ત	◌ો	આ	શ	◌િ	જ	◌ી	◌ા	ર	હ
વ	◌ં	◌ા	વ	◌ુ	સ	◌ા	ળ	◌ી	◌ો	ક	ટ	બ	◌ં	ચ	વ
અ	ફ	ઠ	◌ા	ષ	ઈ	◌િ	ર	પ	ભ	◌ૃ	પ	ધ	ર	ન	પ
અ	અ	ચ	ખ	◌ૂ	◌ા	ટ	ક	લ	ન	ત	◌ી	ઊ	◌ો	◌િ	◌ી
લ	◌િ	ચ	ન	પ	થ	◌ા	સ	◌્	ન	◌ઃ	◌ુ	પ	ક	◌્	સ
ળ	શ	ર	ગ	ઊ	ષ	ખ	ઊ	◌િ	ક	ત	જ	હ	◌ા	ર	શ
◌્	ઢ	◌ી	ન	◌ુ	◌ો	સ	લ	શ	◌ુ	◌ા	વ	◌ો	ણ	ફ	◌ો
વ	બ	લ	ણ	◌ો	ણ	ભ	દ	ઈ	ઈ	ધ	ત	ણ	ઉ	દ	◌ો
ચ	ઠ	વ	ળ	દ	બ	વ	ર	◌ી	લ	◌ે	◌ે	ગ	ચ	◌ા	◌ે
◌ા	ઠ	◌ે	થ	સ	ણ	મ	ત	મ	◌ં	◌િ	ક	ળ	ભ	ય	ઊ
ઓ	લ	◌્	ડ	ખ	ર	ટ	ક	◌્	◌ે	લ	ક	◌ૃ	ન	ક	લ
જ	◌ી	જ	ય	ઈ	◌ૂ	ગ	વ	◌ૃ	ત	બ	હ	ર	ઘ	◌ા	ર
ણ	◌ૈ	ળ	છ	◌્	ફ	◌ં	ધ	ઊ	થ	◌ા	ણ	ઉ	ક	ઓ	મ
પ	શ	◌ં	◌િ	◌ુ	ટ	ત	પ	ક	ણ	◌ં	લ	ન	ધ	ન	છ

કળા
હરાજી
અધિકૃત
સદી
સિક્કા
કલેક્ટર
દાયકાઓ
સુશોભન
ભવ્ય
ફર્નિચર
ગેલેરીં
રોકાણ
જ્વેલરી
ઓલ્ડ
કિંમત
ગુણવત્તા
પુનઃસ્થાપન
શિલ્પ
શૈલી
અસામાન્ય

2 - Food #1

ડ	◌ુ	◌ં	ગ	ળ	◌ી	સ	◌ો	લ	પ	સ	ત	ખ	છ	ઠ	◌ો
ણ	આ	◌ૌ	◌ૃ	ઈ	ઈ	◌્	ષ	ષ	ડ	લ	ન	ષ	◌ા	◌ુ	ઉ
સ	ર	અ	◌િ	પ	ગ	ટ	ત	જ	◌ે	ગ	◌ૂ	દ	ર	◌ં	◌્
લ	બ	બ	ઝ	ઊ	◌િ	◌્	દ	◌ૂ	ધ	મ	ધ	ફ	દ	◌ી	ડ
સ	◌્	પ	◌િ	ન	ચ	ર	ગ	◌ા	જ	ર	ઊ	હ	ન	મ	◌ા
◌િ	ખ	શ	સ	◌ા	ત	◌ો	◌ૃ	વ	ઠ	ઢ	ડ	બ	આ	છ	લ
◌ે	બ	◌્	◌ૃ	◌ુ	લ	બ	◌ો	શ	હ	ક	◌ુ	સ	ય	◌ા	સ
બ	◌ુ	ચ	ભ	ટ	શ	◌ે	ઝ	◌ૂ	મ	શ	ષ	◌ૂ	ઝ	ઈ	જ
ઢ	ભ	ફ	ળ	ક	◌ૃ	ર	ધ	ઈ	ગ	જ	ન	પ	ઈ	◌ો	વ
◌ૃ	થ	ર	દ	◌ં	ત	◌ી	ફ	◌િ	ફ	ડ	ર	◌ી	◌ં	આ	બ
ગ	ઈ	બ	ક	સ	જ	◌િ	ખ	ધ	ળ	વ	ગ	દ	ચ	◌ૌ	લ
મ	◌ા	ઘ	◌્	લ	◌ી	◌ં	બ	◌ુ	◌ી	આ	◌ૂ	ઈ	◌ા	ખ	દ
શ	◌ા	સ	◌ો	ષ	શ	ઉ	◌ુ	જ	ફ	ઢ	હ	ઊ	ણ	ળ	ઈ
ઈ	વ	ર	ફ	લ	ગ	ભ	ઉ	વ	ષ	ઝ	ઉ	બ	ધ	ખ	◌ુ
છ	જ	◌ૂ	ઉ	શ	◌્	ઠ	ષ	ઘ	◌ો	સ	હ	ર	ણ	ઈ	◌ૌ
◌ો	છ	ળ	ઉ	ઝ	ઠ	ઈ	મ	લ	ઝ	ડ	આ	છ	ડ	ઢ	ઈ

જરદાળુ
જવ
બેસિલ
ગાજર
તજ
લસણ
રસ
લીંબુ
દૂધ
ડુંગળી
મગફળી
પિઅર
સલાડ
મીઠું
સૂપ
સ્પિનચ
સ્ટ્રોબેરી
ખાંડ
ટુના
સલગમ

3 - Measurements

મ	◌ે	બ	અ	ણ	મ	ફ	ડ	ચ	લ	ઢ	ડ	◌ં	ઘ	ર	ષ
◌ી	◌ા	◌ં	ઠ	ટ	◌ી	◌િ	જ	હ	◌િ	ષ	ધ	ષ	◌ો	જ	ઉ
ટ	ઉ	સ	ળ	ઘ	◌્	ણ	ન	◌િ	ટ	◌ુ	ઘ	◌ો	ચ	ક	◌ે
ર	ટ	મ	◌ી	લ	◌ો	◌િ	ક	◌િ	ર	હ	જ	◌ી	છ	ઈ	લ
ન	જ	વ	ઘ	ચ	ર	ટ	મ	◌ી	ટ	◌ી	ન	◌્	◌ે	સ	◌ૃ
ટ	ઉ	અ	◌ો	વ	ભ	◌ી	ચ	હ	જ	પ	ઊ	ઉ	ઊ	બ	◌ા
ખ	ઈ	◌ે	ટ	ઊ	લ	હ	ઈ	◌ા	ય	ગ	સ	ડ	ણ	ટ	બ
શ	◌ં	◌ા	શ	દ	શ	દ	◌િ	ડ	બ	થ	દ	ઠ	ફ	ડ	ઊ
ળ	ચ	◌ં	બ	આ	ગ	ય	છ	◌િ	ત	ઈ	લ	◌ં	બ	◌ા	ઈ
હ	ઉ	વ	છ	ઉ	છ	ટ	વ	ભ	◌ુ	ચ	◌ે	◌ો	ત	ઝ	છ
ચ	◌ં	ગ	ઘ	ય	◌ે	પ	હ	◌ો	ળ	◌ા	ઈ	◌ં	ષ	મ	◌ી
દ	ગ	ઈ	◌્	વ	◌ો	લ	◌્	ય	◌ુ	મ	◌િ	ધ	ઔ	◌ં	સ
ષ	ઈ	◌ી	મ	ર	◌ા	ગ	◌્	લ	◌ો	◌િ	ક	ષ	ક	ચ	ણ
◌ો	થ	વ	◌ો	ટ	◌ા	◌ૃ	◌્	વ	ખ	ઊ	ત	◌િ	ભ	ચ	◌ે
ડ	◌િ	ગ	◌્	ર	◌ી	મ	◌િ	◌ો	ઈ	વ	ઊ	◌ં	ડ	◌ા	ઈ
મ	◌ા	સ	થ	ષ	ઘ	ગ	ઊ	◌ં	ચ	◌ા	ઈ	ક	ષ	ઊ	ઘ

બાઇટ
સેન્ટીમીટર
દશાંશ
ડિગ્રી
ઊંડાઇ
ગ્રામ
ઊંચાઇ
ઇંચ
કિલોગ્રામ
કિલોમીટર
લંબાઈ
લિટર
માસ
મીટર
મિનિટ
ઔંસ
ટન
વોલ્યુમ
વજન
પહોળાઇ

4 - Farm #2

થ	ડ	હ	◌ૂ	◌ી	પ	◌ો	ઈ	શ	◌ો	સ	ઉ	પ	બ	ઘ	ક
◌ો	◌્	ણ	ણ	◌ે	ઘ	ઈ	છ	મ	ઝ	◌િ	ત	ઈ	ઊ	◌ો	વ
◌ૃ	પ	ઈ	◌ં	ટ	ઉ	ઢ	ઘ	ઊ	ડ	◌ં	ગ	ર	ખ	ઈ	મ
જ	ષ	અ	ધ	વ	◌ં	હ	ઝ	ઊ	ન	ચ	હ	ઝ	સ	ળ	ઝ
ખ	◌ે	ડ	◌ૂ	ત	જ	ખ	ળ	ઊ	વ	◌ા	આ	જ	◌ી	ખ	છ
ઉ	થ	◌્	દ	લ	◌ા	મ	◌ા	શ	ક	ઈ	◌ૂ	લ	◌ા	ઈ	◌ો
પ	◌ૂ	મ	જ	ટ	ફ	ઘ	આ	ન	◌ા	મ	ધ	પ	◌ૂ	ડ	◌ો
વ	◌ી	આ	વ	ગ	◌્	ક	◌ે	◌ો	ડ	ક	ત	બ	થ	ઢ	ઉ
ન	ઈ	ઈ	મ	◌્	હ	ર	ઢ	ટ	◌ૃ	વ	ભ	ઉ	ઉ	ટ	ઘ
ચ	ક	◌ા	છ	◌ૃ	◌્	ફ	◌ે	◌્	◌ા	વ	◌ૂ	◌ા	ધ	ઓ	ન
ક	થ	ત	◌ી	જ	બ	ળ	◌ો	ક	◌ી	◌ં	ઈ	હ	જ	ણ	◌્
◌્	ઈ	◌ૂ	◌ૃ	દ	ળ	આ	બ	મ	◌્	◌ે	લ	◌ં	◌ા	◌ી	ભ
ક	ઢ	શ	લ	બ	◌ા	ર	◌્	ન	ખ	ટ	◌ી	સ	◌ૂ	ર	ર
◌ી	◌િ	ન	ગ	◌ી	ધ	વ	ખ	◌ૌ	ભ	ક	ર	ઊ	ત	◌ા	વ
જ	વ	ફ	ડ	ઝ	મ	ક	◌ા	ઈ	◌ૌ	◌ૌ	મ	◌ો	વ	◌્	◌ા
ક	ર	ખ	◌ો	ર	◌ા	ક	◌ૌ	આ	ઈ	ખ	ર	ઈ	ટ	પ	ડ

પ્રાણીઓ
જવ
બાર્ન
મધપૂડો
મકાઈ
બતક
ખેડૂત
ખોરાક
ફળ
હંસ
સિંચાઈ
લેમ્બ
લામા
દૂધ
ઘેટાં
ભરવાડ
ટ્રેક્ટર
શાકભાજી
ઘઉ
પવનચક્કી

5 - Books

ઐ	ત	◌િ	હ	◌ા	સ	◌િ	ક	વ	ઝ	ઉ	બ	છ	ડ	સ	શ
ર	મ	◌ૃ	જ	◌ી	ળ	ઈ	મ	◌ૉ	◌ા	ભ	ઢ	ચ	ય	◌ા	◌્
◌ા	◌ો	◌િ	ર	શ	ઠ	લ	ત	ય	જ	ર	જ	મ	દ	હ	ર
◌ૉ	ણ	દ	ઈ	ષ	અ	ઘ	◌્	◌ા	ડ	◌્	◌્	◌િ	◌ુ	◌િ	◌ે
લ	◌ે	ખ	ક	લ	◌ં	◌ી	ન	◌ે	ય	દ	ડ	ત	ક	ત	ણ
ભ	◌ં	ઃ	◌િ	◌ે	◌ુ	◌ૌ	◌ા	સ	ન	◌ં	◌ો	ભ	◌ા	◌્	◌ી
◌્	◌ૌ	◌ુ	પ	ખ	ભ	બ	ધ	છ	◌ં	સ	હ	ત	ખ	ય	આ
ય	ગ	દ	એ	◌િ	ચ	ધ	શ	◌ા	ઉ	ગ	◌ૃ	અ	◌ૌ	◌િ	ઠ
◌ં	◌ૌ	◌ં	ખ	ત	સ	ષ	◌ો	◌િ	ગ	ક	◌્	ટ	ન	ક	ઢ
ટ	સ	છ	આ	બ	◌ં	◌ં	◌ં	ર	◌ી	ડ	ર	ર	ઊ	જ	પ
થ	બ	પ	◌ૃ	દ	બ	ન	સ	ર	ઊ	◌ૌ	ભ	ધ	હ	ર	◌ા
◌ી	ઉ	ઘ	◌ી	◌ં	◌ં	ક	વ	◌ૃ	ઠ	ઠ	સ	હ	ક	ક	ન
ઈ	◌ો	◌ૌ	◌ૃ	ઘ	ધ	હ	ગ	લ	ભ	ઈ	◌ા	ષ	ગ	અ	◌ુ
ટ	મ	ભ	ર્	◌ૌ	◌િ	ઢ	ઈ	છ	ક	◌ા	હ	ઈ	ઊ	ક	◌ં
પ	◌ા	ત	◌્	ર	ત	ટ	ધ	◌ે	ટ	થ	સ	ઈ	સ	ઢ	◌ા
ક	વ	◌િ	ત	◌ા	દ	◌્	વ	◌ૈ	ત	◌ૉ	◌ા	હ	◌ી	◌ો	ષ

સાહસ
લેખક
પાત્ર
સંગ્રહ
સંદર્ભ
દ્વૈત
એપિક
ઐતિહાસિક
રમૂજી
સંશોધનાત્મક
સાહિત્યક
નવલકથા
પાનું
કવિતા
રીડર
સંબંધિત
શ્રેણી
વાર્તા
દુ:ખદ
લેખિત

6 - Meditation

બ	વ	ક	ધ	◌્	ય	◌ા	ન	જ	◌િ	ઉ	ન	◌્	શ	◌ે	સ
ચ	◌િ	◌ા	◌ૃ	થ	સ	હ	લ	◌ા	ઈ	ઉ	જ	◌ુ	જ	ચ	◌્
દ	ચ	ઠ	ઘ	ત	ફ	ળ	ઝ	ગ	અ	ચ	ચ	ળ	વ	ળ	પ
ય	◌ા	◌ૃ	ષ	◌િ	જ	મ	આ	◌ૃ	ઠ	બ	ર	◌ા	થ	ત	ષ
◌ા	ર	ખ	જ	ક	શ	◌્	◌ા	ત	ગ	◌ી	◌ં	સ	ગ	ડ	◌્
બ	◌ો	ચ	ચ	◌ૃ	ન	દ	ઞ	ન	◌િ	ગ	મ	ટ	◌ી	હ	ટ
શ	◌ા	◌ં	ત	ર	ઈ	◌ં	ઉ	ત	સ	◌્	અ	બ	◌ા	જ	ત
છ	છ	હ	પ	◌્	ન	શ	મ	પ	◌ા	◌િ	◌ી	ન	ર	ઘ	◌ા
ત	ન	ઠ	ઝ	પ	ન	ઢ	છ	ઢ	આ	બ	ક	થ	છ	સ	આ
સ	◌્	વ	◌ી	ક	◌ૃ	ત	◌િ	મ	◌ૌ	ન	ઢ	મ	◌ૂ	શ	ષ
પ	ર	◌િ	પ	◌્	ર	◌ે	ક	◌્	ષ	◌્	ય	ન	ન	ન	હ
ઊ	ભ	છ	ક	આ	ઓ	ણ	◌ી	ગ	◌ા	લ	ન	ધ	છ	ત	◌ૂ
ભ	શ	◌ો	શ	◌્	વ	◌ા	સ	◌ે	◌િ	◌ા	◌ા	ળ	◌ૂ	વ	લ
ષ	ઊ	ઈ	થ	ખ	ખ	◌ુ	સ	ચ	ણ	છ	જ	ટ	પ	ળ	ળ
◌ે	શ	દ	◌ી	ચ	આ	ર	ટ	◌ુ	જ	◌ુ	વ	થ	ભ	શ	ભ
શ	◌ા	◌ં	ત	◌િ	દ	ક	મ	મ	ણ	◌ા	ઢ	ર	થ	થ	ગ

સ્વીકૃતિ
ધ્યાન
જાગૃત
શ્વાસ
શાંત
સ્પષ્ટતા
કરુણા
લાગણીઓ
કૃતજ્ઞતા
સુખ
દયા
માનસિક
મન
ચળવળ
સંગીત
પ્રકૃતિ
શાંતિ
પરિપ્રેક્ષ્ય
મૌન
વિચારો

7 - Days and Months

છ	વ	ન	◌ૂ	ખ	ડ	ટ	◌ા	ગ	◌્	ઊ	◌ો	વ	ર	◌્	જ
◌ી	ર	ચ	સ	થ	બ	◌ૂ	ઉ	◌ુ	દ	ઈ	હ	ઝ	વ	ખ	◌ા
ઢ	◌્	હ	ક	ર	ગ	◌ૃ	◌્	ર	સ	પ	◌્	ત	◌ા	હ	ન
દ	ષ	ઊ	◌ે	વ	દ	ફ	દ	◌ુ	વ	દ	શ	ન	◌િ	સ	◌્
દ	◌ો	ઈ	લ	◌ા	◌ુ	જ	◌િ	વ	અ	◌ા	◌ૃ	ચ	વ	પ	ય
◌ો	ઊ	જ	◌ે	◌િ	ળ	બ	◌ૃ	◌ા	ઊ	◌ો	ધ	ન	ર	◌્	◌ુ
સ	ય	જ	ન	ન	વ	ઉ	ચ	ર	◌્	◌ા	મ	◌ુ	◌ૃ	ટ	આ
શ	◌ો	ઈ	◌્	શ	◌ા	◌ે	ઓ	વ	પ	છ	શ	ટ	બ	◌ે	ર
◌ો	◌ુ	ઉ	ડ	◌ૃ	◌ો	દ	ક	◌ા	ભ	◌ો	◌ૌ	અ	ઝ	મ	◌ી
ફ	ખ	ક	ર	ઉ	બ	દ	◌્	મ	ઉ	પ	ત	◌ે	ઈ	◌્	લ
લ	ર	◌િ	◌્	પ	એ	◌ા	ટ	◌ો	પ	ણ	મ	આ	સ	બ	અ
ઢ	ભ	ઈ	વ	ર	લ	હ	◌ો	સ	બ	◌િ	ષ	હ	ન	ર	લ
ય	જ	થ	દ	જ	વ	◌્	બ	ઓ	ગ	સ	◌્	ટ	◌િ	ઈ	ર
હ	ન	ધ	શ	◌ે	થ	◌ા	ર	બ	મ	◌્	◌ે	વ	ન	ન	મ
ભ	◌ં	◌િ	અ	◌ુ	ત	ન	ર	વ	◌ા	ળ	ગ	◌ં	મ	ર	◌ો
ફ	◌ે	બ	◌્	ર	◌ુ	આ	ર	◌ી	બ	ભ	મ	ઈ	લ	શ	◌ી

એપ્રિલ
ઓગસ્ટ
કેલેન્ડર
ફેબ્રુઆરી
શુક્રવાર
જાન્યુઆરી
જુલાઇ
માર્ચ
સોમવાર
મહિનો
નવેમ્બર
ઓક્ટોબર
શનિવાર
સપ્ટેમ્બર
રવિવાર
ગુરુવાર
મંગળવાર
બુધવાર
સપ્તાહ
વર્ષ

8 - Energy

ળ	શ	અ	◌ૂ	એ	એ	અ	ગ	વ	ફ	◌ો	ટ	◌ો	ન	ર	બ
◌ૌ	◌ા	◌ે	◌ી	ન	◌ં	ફ	થ	◌ી	મ	ચ	ન	ય	હ	◌િ	ળ
ધ	ઊ	મ	ધ	◌્	જ	ટ	◌ૃ	જ	મ	બ	છ	વ	ખ	ન	ત
ઇ	સ	બ	◌ૉ	ટ	◌િ	ર	◌્	◌ા	◌ૃ	ર	◌ૉ	ઢ	ન	◌્	ણ
લ	◌ૉ	પ	◌ૌ	◌્	ન	◌્	હ	ણ	આ	◌ે	ગ	ડ	પ	ય	◌ુ
◌ે	◌ૂ	ળ	બ	ર	પ	બ	◌ા	◌ુ	પ	ળ	લ	ઠ	◌ં	◌ુ	◌ા
ક	ઠ	ફ	ત	◌ો	ચ	◌ા	ઇ	મ	વ	◌ા	ઈ	ર	બ	એ	મ
◌્	◌ૉ	◌્	ઘ	પ	◌ા	ઇ	ડ	ટ	ન	ક	લ	ડ	ધ	બ	ર
ટ	ઊ	ધ	થ	◌ી	ગ	ન	◌્	લ	ચ	આ	◌ૌ	◌ં	◌ી	લ	પ
◌્	મ	◌્	◌ી	ઘ	ય	ય	ર	◌ી	ટ	◌ે	બ	ય	ઇ	ઝ	હ
ર	◌ં	ઉ	ન	લ	◌ી	સ	◌ો	◌ે	ગ	◌ી	ઘ	◌ૃ	અ	ર	લ
◌િ	ક	◌ા	ર	◌્	બ	ન	જ	◌્	પ	◌્	ર	દ	◌ૂ	ષ	ણ
ક	ક	ઠ	સ	ષ	◌િ	ડ	ન	મ	દ	ડ	ન	દ	◌િ	◌િ	અ
પ	ર	◌્	ય	◌ા	વ	ર	ણ	◌ો	બ	ઉ	ર	ષ	હ	ઘ	◌ો
શ	પ	સ	ગ	વ	◌ૃ	◌ો	◌ુ	ટ	◌ૌ	વ	◌ૌ	ખ	ન	અ	ક
◌ૂ	ખ	છ	◌ો	◌ૉ	જ	શ	ઇ	ર	ળ	◌ૂ	ભ	◌ં	દ	પ	સ

બેટરી
કાર્બન
ડીઝલ
ઇલેક્ટ્રિક
વીજાણુ
એંજિન
એન્ટ્રોપી
પર્યાવરણ
બળતણ
ગેસોલીન

ગરમી
હાઇડ્રોજન
ઉદ્યોગ
મોટર
પરમાણુ
ફોટોન
પ્રદૂષણ
રિન્યુએબલ
ટર્બાઇન
પવન

9 - Archeology

ળ	ૂ	અ	શ	ન	જ	ડ	્	પ	ં	ફ	દ	ન	ઝ	ટ	ા
ં	ય	ફ	ણ	ષ	લ	ે	શ	્	િ	વ	ડ	ન	િ	ઉ	ૃ
પ	્	ર	ો	ફ	ે	સ	ર	ર	ન	ે	ૃ	િ	ડ	ો	ગ
લ	સ	દ	ર	ક	ૂ	ઓ	ડ	ા	ક	ુ	ટ	ષ	હ	ડ	ુ
ર	હ	િ	ા	ી	ટ	ભ	ે	ચ	ય	ૂ	ં	્	ળ	શ	થ
ડ	ર	ં	ત	અ	થ	ઘ	ં	ી	ા	ૃ	પ	ણ	અ	ટ	પ
ટ	ષ	મ	ફ	શ	ો	ો	ખ	ન	ં	બ	િ	ા	શ	ો	ઝ
ખ	ર	ર	ૃ	્	ગ	ષ	ખ	શ	લ	ર	ઝ	ત	ઠ	ૌ	ચ
વ	ણ	ક	ઉ	મ	ી	થ	પ	ે	્	લ	ં	ો	ડ	ટ	બ
ં	ષ	ઢ	ે	િ	થ	થ	બ	હ	ૂ	શ	ચ	ો	ૂ	ી	ટ
પ	ય	ઝ	ડ	ઘ	વ	વ	ઉ	ગ	મ	દ	થ	ઈ	ઈ	મ	ખ
સ	ં	શ	ો	ધ	ક	ં	અ	જ	્	ઞ	ા	ત	દ	ી	છ
બ	ૂ	આ	છ	ઉ	ષ	ે	શ	વ	અ	ૌ	ભ	ટ	ધ	ઈ	્
સ	ં	સ	્	ક	ૃ	ત	િ	જ	સ	છ	ુ	ઉ	ડ	ઘ	ષ
ષ	ચ	ફ	દ	ગ	ન	થ	મ	ય	ુ	ગ	ફ	ઢ	છ	જ	ે
ન	ર	ઊ	્	ૂ	ો	ક	બ	ર	ઈ	ૌ	ન	ણ	્	ભ	ી

વિશ્લેષણ
પ્રાચીન
સંસ્કૃતિ
વંશજ
યુગ
મૂલ્યાંકન
નિષ્ણાત
તારણો
અશ્મિ
ટુકડાઓ
રહસ્ય
ઘટકો
પ્રોફેસર
અવશેષ
સંશોધક
ખંડેર
ટીમ
મંદિર
કબર
અજ્ઞાત

10 - Food #2

ક	આ	પ	બ	બ	મ	ણ	◌ા	ઝ	હ	ન	ક	◌ે	ઢ	હ	છ
ળ	ર	◌ી	◌ે	ચ	◌ા	◌ુ	ર	◌ી	લ	◌ે	સ	ફ	◌ી	અ	ષ
◌ં	◌્	ઈ	થ	◌્	છ	હ	◌ૂ	ચ	◌ી	ળ	મ	◌ૂ	ર	શ	મ
ઈ	ટ	ધ	◌ં	આ	લ	ણ	છ	શ	ક	બ	ન	◌ા	ન	◌ા	ઠ
ઘ	◌િ	ઢ	◌ી	ડ	◌ી	◌ો	ઈ	ણ	◌ો	ધ	ક	◌િ	વ	◌ી	ષ
◌િ	ક	◌ી	હ	ય	◌ુ	ષ	◌ા	◌્	ર	ય	◌િ	ર	જ	ઢ	ક
જ	◌ો	ગ	દ	છ	ર	◌ં	ણ	ધ	◌ો	ઘ	ઉ	◌ં	મ	ડ	ઢ
ષ	ક	◌્	ર	◌ા	◌્	દ	ઈ	ફ	◌્	ચ	◌ો	ક	લ	◌ે	ટ
◌ૂ	અ	◌ૌ	◌્	લ	◌ો	લ	ઘ	◌િ	બ	સ	ઝ	થ	◌ો	◌ૂ	દ
◌િ	◌્	અ	ય	ન	◌ૂ	ત	ટ	◌ં	થ	ળ	ફ	ઈ	ઊ	થ	ખ
લ	◌િ	થ	ઝ	ખ	ટ	ત	દ	ઘ	ર	ડ	ડ	ર	દ	◌ૂ	ઈ
ફ	શ	ઝ	ણ	ય	ભ	◌ી	◌ી	આ	◌ો	ઝ	ન	દ	જ	◌ો	લ
◌ૌ	ણ	◌ી	ગ	◌ૂ	◌ી	પ	સ	વ	ર	◌્	ઈ	ઉ	હ	ન	◌ુ
◌ૃ	જ	◌ૌ	ઈ	હ	ગ	વ	ઈ	દ	થ	ઊ	ખ	સ	ખ	ક	ગ
ટ	◌ા	મ	◌ે	ટ	◌ા	મ	જ	અ	ચ	ય	સ	ય	ન	◌િ	પ
ચ	◌ો	ખ	◌ા	ગ	ર	◌ી	◌ં	ગ	ણ	ફ	ગ	શ	બ	ચ	લ

સફરજન
આર્ટિકોક
બનાના
બ્રોકોલી
સેલરી
ચીઝ
ચેરી
ચિકન
ચોકલેટ
ઇંડું
રીંગણ
માછલી
દ્રાક્ષ
હેમ
કિવી
મશરૂમ
ચોખા
ટામેટા
ઘઉં
દહીં

11 - Chemistry

ઈ	ટ	પ	ગ	ઉ	શ	◌ા	બ	ત	મ	બ	ક	ચ	મ	ળ	ય
છ	ક	ર	ર	◌ે	પ	◌્	◌્	ત	ઉ	ફ	ત	ણ	◌ી	બ	ઓ
ગ	ખ	મ	ઈ	ઝ	◌ા	◌્	ન	એ	વ	ધ	બ	ઝ	ઠ	ઢ	ક
મ	વ	◌ા	◌્	ર	મ	ઝ	બ	આ	ઢ	ફ	◌ા	ભ	◌ુ	પ	◌્
ક	મ	ણ	◌ૃ	ગ	ફ	ખ	ર	જ	લ	ફ	ઠ	ત	◌ં	◌ા	સ
◌્	ણ	◌ુ	જ	◌ા	◌ી	વ	◌્	ઈ	હ	◌્	ખ	દ	◌ુ	ધ	◌િ
અ	ણ	◌ુ	ખ	◌ં	ક	ઈ	◌ા	ગ	◌ા	◌ી	ક	◌ૃ	◌ૌ	ઓ	જ
◌ૂ	◌ા	મ	એ	◌ો	વ	ઘ	ક	થ	ઈ	◌ે	ન	લ	ર	ભ	ન
પ	ન	◌ં	સ	◌ે	ગ	બ	ક	◌્	ડ	◌ા	◌િ	અ	◌ા	ણ	જ
◌્	ત	◌ં	◌િ	ઈ	શ	◌ા	◌્	ઊ	◌્	ડ	બ	ન	ઈ	ઈ	વ
ર	◌ે	◌ા	ડ	બ	ન	◌ૂ	લ	પ	ર	ફ	ર	ફ	ર	ટ	ન
વ	સ	ઠ	પ	બ	ન	ણ	◌ો	ફ	◌ો	ર	◌્	◌ૃ	ઘ	ઈ	બ
◌ા	ય	બ	ડ	મ	ઊ	ય	ર	◌િ	જ	પ	◌ા	ઊ	ફ	◌ો	ષ
હ	ઝ	ધ	ઠ	આ	◌ા	ષ	◌િ	જ	ન	દ	ક	ય	◌્	ગ	◌ૌ
◌ી	મ	ર	ગ	ય	◌ે	ન	ન	ઊ	◌ો	લ	છ	ક	ડ	ઉ	બ
મ	ઠ	◌િ	ષ	ન	ત	ખ	ળ	◌ી	શ	ધ	ઈ	ળ	બ	◌ૃ	ય

એસિડ
આલ્કલાઇન
કાર્બન
ઉત્પ્રેરક
ક્લોરિન
વીજાણુ
એન્ઝાઇમ
ગેસ
ગરમી
હાઇડ્રોજન
આયન
પ્રવાહી
ધાતુઓ
અણુ
પરમાણુ
કાર્બનિક
ઓક્સિજન
મીઠું
તાપમાન
વજન

12 - Music

મ	ષ	પ	શ	◌ં	◌ુ	જ	ર	ઝ	ધ	◌ૌ	ષ	ક	ધ	ય	મ
બ	◌ે	પ	આ	દ	ઠ	વ	◌ી	બ	ફ	થ	હ	ય	ન	મ	◌્
◌્	ઝ	લ	◌ી	અ	ઉ	◌ો	થ	◌ો	ખ	ઈ	સ	સ	ગ	વ	ય
લ	મ	ઈ	◌ો	◌ુ	ઈ	ઈ	ય	◌િ	સ	છ	આ	ર	◌ં	વ	◌ુ
આ	ઠ	સ	◌ૃ	ડ	અ	◌ુ	સ	◌ૃ	◌ે	ધ	◌ા	◌ો	લ	પ	ઝ
છ	ટ	ક	વ	ષ	◌ી	ણ	ગ	શ	◌ુ	◌ી	◌ી	ક	ય	ય	◌િ
સ	◌ં	ગ	◌ી	ત	ક	◌ા	ર	◌ા	◌ે	પ	ઓ	સ	ષ	ધ	ક
મ	◌ા	ઈ	ક	◌્	ર	◌ો	ફ	◌ો	ન	અ	ભ	◌ા	◌્	ઈ	લ
ઠ	ગ	◌ૃ	ગ	ડ	◌િ	◌ં	ર	◌્	ક	◌ો	◌ે	ર	ઉ	ધ	લ
લ	ય	બ	દ	◌્	ધ	ભ	જ	ન	◌િ	◌ૂ	ટ	ગ	◌ં	◌િ	સ
ટ	વ	છ	ઉ	◌ૂ	ક	મ	ત	◌્	ય	◌ા	વ	◌્	◌ા	ક	ટ
ભ	◌ા	વ	◌ા	ત	◌્	મ	ક	સ	◌ા	ધ	ન	ર	ત	બ	◌ે
હ	◌ા	ર	◌્	મ	◌ો	ન	◌િ	ક	ઝ	દ	ધ	◌ા	ષ	◌ો	મ
◌ો	સ	ચ	શ	◌ા	સ	◌્	ત	◌્	ર	◌ી	ય	હ	◌ુ	છ	◌્
ગ	◌ા	ય	ક	◌ં	પ	ખ	◌ં	ફ	ગ	ફ	◌ે	◌ી	જ	ફ	પ
◌ૂ	ગ	ન	◌ે	◌ૃ	આ	◌ૃ	ષ	લ	ઢ	વ	ર	ચ	◌ો	ણ	◌ો

આલ્બમ
કોરસ
શાસ્ત્રીય
સારગ્રાહી
હાર્મોનિક
સંપ
સાધન
ભાવાત્મક
મેલોડી
માઇક્રોફોન

મ્યુઝિકલ
સંગીતકાર
ઓપેરા
કાવ્યાત્મક
રેકોર્ડિંગ
લય
લયબદ્ધ
સિંગ
ગાયક
ટેમ્પો

13 - Family

ભ	ત	◌્	ર	◌ી	જ	◌ા	લ	◌ી	◌િ	બ	બ	◌ૂ	ઉ	ર	◌ે
અ	ષ	ફ	ઈ	છ	ઢ	ર	ખ	ઘ	◌ૂ	ચ	◌ા	ઈ	ક	બ	ઠ
ઉ	ચ	ન	શ	ગ	લ	શ	દ	ણ	ચ	ઈ	◌ી	ળ	પ	ત	◌િ
ભ	પ	ઈ	ઝ	મ	ઈ	છ	ત	ઠ	◌્	ચ	ભ	જ	પ	ઢ	◌ા
◌ા	જ	◌ૈ	ણ	◌ે	ઢ	મ	◌ા	ત	◌ૃ	ત	◌્	વ	અ	ણ	◌ા
ઈ	ઈ	ક	ત	ષ	બ	ન	◌ો	ણ	ન	◌ા	◌ૂ	ર	ધ	ન	લ
◌િ	ઊ	ઊ	દ	◌ૃ	ઈ	◌ં	અ	છ	લ	◌ા	ટ	◌્	મ	◌ી	હ
ઠ	◌ૌ	વ	ઊ	ડ	ક	ળ	◌ા	બ	ક	મ	ટ	◌ૂ	અ	ગ	વ
લ	ટ	પ	◌ં	બ	ઢ	◌્	◌ા	◌ૃ	ળ	છ	ડ	પ	◌્	ન	ઢ
ષ	દ	ઠ	◌ે	◌ો	બ	ઢ	◌ૃ	ઢ	ણ	ક	ભ	છ	વ	◌ો	◌ો
◌ૃ	ડ	◌ી	લ	◌ૂ	હ	ટ	ષ	ધ	ફ	વ	ત	◌ુ	પ	છ	◌ો
◌ા	ગ	ત	ક	◌ૌ	◌ે	ઊ	ગ	ચ	ડ	દ	◌્	ઠ	ભ	મ	ન
પ	છ	◌ા	◌ં	ર	ન	◌ી	◌્	ત	પ	◌ા	ર	ત	◌્	◌ૌ	પ
◌િ	ઢ	ન	અ	પ	◌ી	ક	◌ા	ક	◌ી	દ	◌ી	ધ	ભ	ય	જ
ત	ઈ	◌ે	છ	ષ	ઝ	ભ	◌ૂ	ક	ળ	◌ા	જ	થ	લ	ઠ	ઉ
◌ા	પ	◌ૌ	ધ	ભ	ક	◌ો	ળ	◌ા	બ	ઉ	◌ી	◌ં	◌િ	◌ો	ચ

પૂવંજ
કાકી
ભાઇ
બાળક
બાળપણ
બાળકો
કઝીન
દીકરી
પિતા
દાદા
પૌત્ર
પતિ
માતૃત્વ
માતા
ભત્રીજા
ભત્રીજી
પૈતૃક
બહેન
અંકલ
પત્ની

14 - Farm #1

ટ	ણ	ચ	◌ો	મ	લ	ચ	લ	ઊ	◌ં	ડ	મ	ફ	બ	ય	◌ો
◌ે	ઘ	ચ	ગ	ધ	ન	ર	◌િ	◌ૃ	ઈ	ચ	ર	ણ	◌ી	◌ા	પ
લ	ઉ	◌ં	ટ	મ	ભ	સ	ક	ક	ગ	ઈ	◌ો	ખ	જ	થ	◌ં
ઢ	◌ં	ઢ	દ	◌ા	ઉ	જ	ઈ	ઈ	ન	બ	◌િ	લ	◌ા	ડ	◌ી
પ	મ	ઝ	દ	ખ	જ	ભ	વ	◌ા	ડ	મ	જ	◌ો	◌ો	◌ો	ઈ
ક	◌ૃ	ષ	◌િ	◌ી	◌ૂ	ખ	આ	◌ં	બ	ધ	◌ૃ	શ	મ	◌ો	ચ
ધ	મ	ઉ	ઈ	અ	ઢ	ત	◌ો	ળ	◌િ	ઈ	ઠ	◌્	◌ૃ	ઘ	◌ો
ણ	આ	ક	◌ુ	શ	ઝ	ખ	◌ા	છ	ઢ	ક	ગ	ઘ	◌ે	ડ	◌ો
ઈ	ડ	◌્	ફ	અ	◌્	◌ા	પ	ષ	ખ	◌ૂ	◌ો	ખ	◌ા	ત	ર
ળ	ફ	ષ	ડ	ઘ	ગ	ગ	◌ો	ક	◌ૂ	ત	ક	◌ા	ગ	ડ	◌ો
ડ	ત	◌ે	ઈ	◌ી	ટ	બ	સ	ઘ	◌ી	ર	ક	બ	ફ	◌ુ	ઈ
ગ	ઠ	ત	ઈ	ઈ	◌ૂ	ભ	પ	વ	ન	◌ો	ન	◌ી	ઈ	◌ં	◌િ
◌ા	જ	◌્	◌ં	સ	છ	અ	ખ	ચ	હ	◌ે	ય	સ	ત	ર	ઈ
ય	બ	ર	આ	ધ	ઘ	ન	◌િ	ય	અ	◌ા	◌ી	◌ા	અ	છ	ન
ત	અ	ષ	ઢ	◌ે	ષ	વ	ખ	છ	ઈ	જ	ગ	ક	◌િ	◌ા	આ
ણ	લ	◌ા	છ	ભ	ભ	◌ે	મ	ઘ	પ	ડ	◌ં	ઢ	ઈ	વ	◌ે

કૃષિ
મધમાખી
બાઇસન
વાછરડું
બિલાડી
ચિકન
ગાય
કાગડો
કૂતરો
ગધેડો
વાડ
ખાતર
ક્ષેત્ર
બકરી
હે
મધ
ઘોડો
ચોખા
બીજ
પાણી

15 - Camping

ો	ૌ	ન	ઘ	ો	ચ	ો	િ	ર	ઘ	ૂ	ઊ	ણ	ો	ફ	ઊ
હ	ટ	ક	ટ	થ	ણ	પ	સ	સ	આ	ન	ો	ુ	ધ	ઈ	ટ
પ	ન	શ	ો	ૃ	ૃ	ળ	બ	ા	ગ	સ	ષ	ઘ	ઝ	અ	ષ
ફ	્	ો	પ	ત	ળ	ા	વ	િ	હ	હ	ો	ડ	ક	ુ	ં
બ	ે	ર	ી	દ	ો	ર	ડ	ુ	ં	સ	ક	ૌ	ઠ	હ	ષ
ઈ	ટ	ક	ક	ન	સ	જ	ઉ	િ	ચ	ૃ	્	થ	ષ	ગ	ઈ
ો	પ	ા	ત	ૃ	ત	ન	ન	ક	ચ	ર	ૃ	ય	જ	દ	ઠ
ઠ	ઈ	િ	ડ	હ	ત	બ	લ	ે	શ	ઉ	વ	વ	ઠ	બ	ક
સ	ફ	શ	ષ	ો	ળ	િ	જ	ં	ત	ુ	ઢ	ો	ઈ	ટ	ય
ખ	વ	છ	ધ	ક	ઝ	ે	પ	ૃ	પ	જ	ચ	ા	ગ	જ	ર
ખ	હ	ુ	મ	ા	ો	ક	છ	ઊ	ર	ઈ	ૃ	ં	ે	ણ	ધ
ભ	ભ	ણ	બ	ય	બ	ળ	આ	ખ	્	્	ગ	ં	દ	ષ	ગ
ભ	અ	ક	છ	ં	સ	અ	ડ	ષ	વ	ૃ	ટ	ન	લ	્	ઝ
જ	્	ચ	વ	ત	ન	સ	દ	દ	ત	ી	પ	ચ	ઝ	ચ	ર
ત	જ	દ	ઉ	્	ફ	ા	ન	સ	પ	્	ર	ા	ણ	ી	ઓ
પ	ઝ	ૃ	ળ	ર	ઠ	જ	વ	ુ	અ	વ	ભ	ી	ો	ત	ખ

સાહસ
પ્રાણીઓ
કેબિન
હોડકું
હોકાયંત્ર
આગ
વન
ફન
ટોપી
શિકાર

જંતુ
તળાવ
ફાનસ
નકશો
ચંદ્ર
પર્વત
પ્રકૃતિ
દોરડું
ટેન્ટ
વૃક્ષો

16 - Conservation

ઢ	ળ	ચ	ણ	ૃ	લ	ગ	ઈ	પ	ભ	ઘ	ુ	ફ	અ	ઠ	ઘ
ખ	ફ	ઘ	ી	િ	ચ	ણ	થ	ી	આ	થ	લ	િ	ધ	િ	હ
ર	િ	સ	ા	ય	ક	લ	ટ	ે	ન	ર	ભ	ે	ઢ	શ	છ
ે	વ	ુ	પ	ક	વ	સ	ે	ય	ં	વ	્	સ	ન	વ	ર
બ	ઝ	ઉ	ઉ	દ	ો	ધ	શ	સ	ગ	ટ	ક	ા	ઉ	અ	સ
ખ	વ	લ	પ	ન	િ	વ	ા	સ	સ	્	થ	ા	ન	ે	ા
જ	ક	ુ	દ	ર	ત	ી	પ	ૃ	ડ	ડ	ો	ા	ટ	ઘ	ય
ઈ	ં	પ	ર	્	ય	ા	વ	ર	ણ	ી	ય	ર	ધ	જ	ણ
ણ	ક	ત	પ	્	ર	દ	ૂ	ષ	ણ	ો	લ	્	આ	ખ	ો
ૃ	ન	ો	ુ	ઉ	અ	ે	ફ	ચ	ષ	ઢ	ઈ	ક	થ	દ	લ
ગ	િ	ી	સ	ન	ણ	લ	લ	િ	ક	ડ	ો	ચ	્	ઊ	ઝ
લ	બ	અ	ભ	િ	ા	ઠ	હ	ં	્	છ	વ	ય	ળ	અ	ુ
પ	ર	ગ	વ	ડ	સ	શ	ખ	ત	િ	ઈ	ળ	ભ	ા	મ	ભ
ણ	્	ઘ	અ	અ	ટ	્	ક	ા	શ	આ	બ	ો	હ	વ	ા
લ	ા	ી	લ	ોં	ો	િ	ટ	િ	ઈ	ણ	ોં	ઈ	હ	ઠ	ૂ
ધ	ક	સ	થ	ા	મ	ો	ડ	મ	ં	ક	બ	દ	જ	િ	ળ

રસાયણો
આબોહવા
ચિંતા
ચક્ર
ઇકોસિસ્ટમ
શિક્ષણ
પર્યાવરણીય
લીલા
નિવાસસ્થાન
આરોગ્ય
કુદરતી
કાર્બનિક
જંતુનાશક
પ્રદૂષણ
રિસાયકલ
ઘટાડો
ટકાઉ
સ્વયંસેવક
પાણી

17 - Algebra

છ	ડ	ટ	ટ	ર	ડ	ઉ	ઈ	ન	ધ	સ	ચ	લ	ત	◌ા	ઘ
◌ુ	ઈ	ઈ	છ	◌ો	◌ો	ધ	◌ં	ઈ	લ	◌ં	◌ં	ષ	◌િ	ડ	◌ો
ટ	◌ો	ય	ન	જ	દ	ઊ	ભ	ખ	ઢ	ખ	◌ી	◌ૌ	◌ૃ	◌ા	ઠ
સ	ર	ળ	બ	◌િ	ર	પ	ળ	◌ા	ચ	◌્	થ	બ	ક	અ	◌ો
હ	ય	◌ા	◌ો	ષ	ઊ	આ	ફ	◌ા	ધ	ય	ચ	ટ	આ	ફ	ન
પ	ત	◌ૌ	◌ી	સ	ધ	◌ો	◌્	ભ	ફ	◌ા	◌ં	◌ૃ	◌ૂ	◌ૌ	ઈ
ક	◌ી	બ	◌ા	દ	◌ા	બ	ઝ	ઝ	ધ	ત	ઢ	ત	ક	◌િ	દ
ઈ	ણ	ર	ક	◌ી	મ	સ	ક	◌્	ર	◌િ	ટ	◌્	◌ે	મ	ફ
ઊ	ય	◌ા	◌્	સ	મ	સ	હ	◌ુ	ધ	લ	અ	ધ	આ	ઈ	ળ
ક	ટ	◌ુ	◌ં	◌ો	ખ	ઘ	ઝ	◌ે	થ	છ	ન	◌ા	ટ	આ	જ
અ	◌ૃ	ઠ	◌્	ર	ડ	ય	અ	◌ો	જ	ચ	◌ં	◌ં	ભ	ઘ	ત
ફ	◌ો	ર	◌્	મ	◌્	ય	◌ુ	લ	◌ા	થ	ત	ઊ	ફ	ઊ	◌િ
ગ	◌્	ર	◌ા	ફ	ઉ	◌ૂ	ઈ	ઢ	લ	ય	◌્	ઈ	◌ં	ઢ	ઈ
જ	પ	ળ	મ	◌ુ	ક	ભ	પ	ફ	શ	પ	ચ	થ	ઝ	ઢ	સ
ભ	ઝ	ય	ખ	◌ી	◌ે	ર	ઝ	અ	શ	ઢ	◌ી	ભ	◌ો	◌ે	ધ
◌ુ	ઝ	ઘ	સ	◌ૂ	લ	શ	◌ૂ	ન	◌્	ય	જ	ન	◌ં	ય	ષ

આકૃતિ
સમીકરણ
ઘાત
પરિબળ
ખોટું
ફોર્મ્યુલા
અપૂર્ણાંક
ગ્રાફ
અનંત
રેખીય
મેટ્રિક્સ
સંખ્યા
કૌંસ
સમસ્યા
જથ્થો
સરળ
ઉકેલ
બાદબાકી
ચલ
શૂન્ય

18 - Numbers

અ	અ	શ	હ	બ	છ	ખ	ઈ	દ	પ	સ	◌ો	ળ	ચ	ર	◌ૌ
દ	◌ૌ	ચ	◌ા	ર	◌ા	ઢ	અ	શ	◌ા	ભ	◌ૌ	ફ	થ	પ	ચ
ન	◌િ	ક	◌ં	◌િ	ઢ	લ	ણ	◌ા	◌ં	ખ	◌ા	લ	હ	ણ	શ
બ	ચ	જ	ષ	ઓ	ક	ત	ઘ	◌ં	ચ	◌ી	ત	છ	ત	ડ	ન
ભ	◌ો	◌ો	ફ	ગ	ગ	ડ	◌ી	શ	ધ	લ	ચ	ડ	આ	ઉ	◌ે
ઉ	ચ	◌ૃ	બ	ન	◌ે	ણ	◌ુ	ત	ન	વ	વ	◌ા	મ	આ	◌િ
ખ	◌ૉ	થ	ચ	ઠ	◌્	◌ૉ	◌ી	◌ા	◌્	◌ૃ	◌ી	◌ો	આ	ઠ	શ
ત	◌ે	ર	◌ૃ	ય	આ	◌ૃ	જ	સ	◌ૃ	ર	સ	◌ુ	◌િ	ઘ	ઉ
ગ	બ	ન	ઊ	મ	ળ	પ	પ	દ	ઠ	અ	ણ	જ	ખ	◌ુ	◌ં
◌ા	ધ	ઈ	બ	◌ૂ	ડ	◌ં	થ	હ	થ	આ	સ	◌ે	ળ	ળ	સ
ન	બ	ન	◌ા	◌ૉ	◌ૃ	દ	ઘ	◌િ	મ	ન	ટ	બ	ઢ	શ	ત
સ	પ	ઉ	ર	લ	ધ	ર	થ	ધ	ષ	વ	અ	ફ	એ	ળ	◌્
છ	◌ૌ	◌ૂ	◌ૃ	◌ે	ઘ	◌ે	ગ	શ	◌ી	◌ુ	ઈ	પ	શ	ક	ત
◌ૉ	ઈ	પ	ઠ	ય	◌્	ધ	સ	ચ	◌ા	◌ૃ	ન	છ	◌ા	◌ૂ	ર
◌ૂ	સ	આ	◌ૌ	છ	વ	ળ	હ	લ	ત	ક	ઝ	સ	ડ	ઘ	ભ
બ	મ	હ	◌ો	◌િ	બ	ધ	◌િ	બ	ઈ	ભ	ત	◌્	દ	પ	◌ૂ

દશાંશ
આઠ
અઢાર
પંદર
પાંચ
ચાર
ચૌદ
નવ
ઓગણીસ
એક
સાત
સત્તર
સોળ
દસ
તેર
ત્રણ
બાર
વીસ
બે

19 - Spices

મ	◌ી	ઠ	◌ુ	◌ં	ળ	જ	◌ુ	ઈ	ઠ	હ	છ	છ	◌ૃ	ગ	હ
ક	ઊ	અ	મ	ગ	હ	◌ુ	◌ે	◌ુ	ણ	વ	◌ૌ	સ	ઢ	મ	ળ
ક	ચ	◌ૃ	◌ી	અ	ષ	છ	લ	ઠ	ક	ધ	◌િ	◌ા	◌ૂ	◌ે	◌ો
મ	પ	ચ	ચ	ડ	ફ	ચ	◌િ	લ	◌ી	ડ	◌ો	ન	ણ	થ	પ
◌ા	◌ો	વ	◌ૃ	ઉ	લ	સ	ણ	ફ	શ	મ	વ	ઈ	ખ	◌ી	◌ે
ઉ	ફ	હ	ઘ	લ	ય	ઊ	◌ી	ચ	લ	એ	ધ	◌ો	ભ	ર	પ
ર	આ	થ	◌ો	ઝ	◌ો	◌ુ	ઉ	દ	વ	◌ા	◌્	સ	જ	ક	◌્
◌ી	ઢ	ફ	હ	દ	◌ૂ	સ	સ	વ	◌િ	◌ો	ષ	ઝ	◌ા	ત	ર
હ	◌ં	ર	ટ	ઉ	ત	જ	◌્	ર	◌ં	◌ં	પ	છ	ય	છ	◌િ
આ	છ	◌ૌ	બ	◌ા	ખ	◌ા	વ	◌િ	ગ	સ	ખ	◌ો	ફ	◌ૃ	ક
દ	ડ	ય	ણ	◌ા	બ	ચ	◌ી	ય	◌ૂ	લ	◌ે	ઘ	ળ	લ	◌ા
◌ુ	છ	ઝ	◌ૃ	અ	ગ	ફ	ટ	◌ા	ફ	પ	ધ	◌ા	ણ	◌ા	ક
◌ૃ	મ	ટ	ર	◌ં	ઈ	ળ	જ	ળ	◌ી	ગ	◌ં	◌ુ	ડ	ન	છ
જ	લ	ક	◌ે	સ	ર	◌ુ	◌ં	◌ી	જ	દ	ણ	ય	ઉ	◌ી	અ
◌ો	ઉ	ઠ	ફ	◌ૂ	ઘ	થ	◌ૂ	છ	ઘ	ભ	◌ુ	ફ	◌્	◌ે	ત
આ	સ	ઈ	ન	થ	◌ં	લ	◌ા	◌ૂ	ડ	ત	શ	◌ો	ધ	વ	◌ો

કડવો
એલચી
તજ
લવિંગ
ધાણા
જીરું
કરી
વરિયાળી
મેથી
સ્વાદ
લસણ
આદુ
જેઠીમધ
જાયફળ
ડુંગળી
પેપ્રિકા
કેસર
મીઠું
સ્વીટ
વેનીલા

20 - Universe

અ	◌ી	ળ	ષ	ચ	ડ	દ	◌ો	છ	હ	દ	◌્	ત	◌ા	ધ	◌ી
◌ં	ગ	◌્	ત	ત	◌્	વ	◌ૃ	વ	ષ	◌ુ	◌િ	વ	સ	◌ૌ	ર
ધ	◌ા	◌િ	ધ	મ	ત	ટ	ઈ	શ	મ	ડ	◌િ	ણ	◌ો	ગ	ટ
ક	ર	ઈ	બ	ડ	ઈ	ર	◌ો	ટ	◌્	સ	એ	ર	◌ૂ	◌ે	◌ે
◌ા	ચ	ગ	ચ	ણ	ય	દ	ભ	◌ુ	◌ુ	ય	લ	વ	હ	લ	ઉ
ર	◌ં	પ	ક	◌ો	સ	◌્	લ	◌િ	◌ે	ટ	મ	ત	ઉ	◌ે	ઝ
ફ	ક	ભ	શ	ષ	◌ા	◌ં	◌્	ક	અ	ર	ડ	◌ા	ઢ	ક	ક
ય	મ	ય	ક	ર	ષ	ચ	◌ા	◌ૌ	ઠ	◌ા	◌ુ	◌ા	ન	◌્	◌્
ય	◌િ	ભ	ગ	◌િ	ઈ	◌ા	◌ૃ	મ	ક	શ	જ	વ	જ	સ	ષ
થ	સ	હ	◌ા	ઈ	ઉ	◌ં	ફ	ઘ	આ	◌િ	ઊ	ઈ	અ	◌ી	◌િ
ચ	◌્	લ	શ	વ	ષ	◌ા	ક	◌્	ક	ણ	મ	ર	◌્	ભ	ત
ગ	◌ો	ળ	◌ા	ર	◌્	ધ	ણ	ળ	◌ા	ક	ન	ય	અ	◌્	◌િ
ફ	ક	ય	◌ી	અ	◌ો	સ	સ	ડ	શ	આ	વ	◌ે	◌ં	ઊ	જ
ળ	ન	શ	હ	મ	વ	ર	વ	ઝ	◌ી	સ	ક	ચ	ફ	ળ	પ
ખ	ગ	◌ો	ળ	શ	◌ા	સ	◌્	ત	◌્	ર	◌ી	◌ા	ઘ	જ	મ
ખ	ગ	◌ો	ળ	શ	◌ા	સ	◌્	ત	◌્	ર	ઊ	આ	શ	ઝ	અ

એસ્ટરોઇડ
ખગોળશાસ્ત્રી
ખગોળશાસ્ત્ર
વાતાવરણ
આકાશી
કોસ્મિક
અંધકાર
વિષુવવૃત્ત
ગેલેક્સી
ગોળાર્ધ
ક્ષિતિજ
અક્ષાંશ
ચંદ્ર
ભ્રમણકક્ષા
આકાશ
સૌર
અયનકાળ
ટેલિસ્કોપ
દૃશ્યમાન
રાશિ

21 - Mammals

જ	ઘ	થ	ક	◌ં	બ	બ	◌ુ	વ	ર	વ	◌ી	બ	મ	ડ	જ
◌િ	◌ૌ	◌ે	◌ૂ	ળ	ઉ	◌િ	◌્	◌િ	ન	◌્	ઝ	ક	પ	ણ	ઘ
ર	ઈ	લ	ટ	ય	લ	ઉ	લ	ણ	◌ા	હ	◌ં	◌િ	સ	હ	◌ી
◌ા	અ	ક	◌ુ	◌ા	છ	ઘ	◌ુ	◌ા	વ	◌ે	થ	ણ	આ	ર	ટ
ફ	ધ	ર	મ	◌િ	◌ં	ઘ	બ	દ	ડ	લ	ણ	અ	ણ	ણ	ત
ક	ઝ	◌ૉ	◌ો	શ	◌ી	બ	ર	ઈ	ટ	◌ી	ઢ	ણ	ક	ય	◌ુ
ન	ળ	◌િ	◌ં	◌ા	ર	હ	◌ા	થ	◌ી	◌્	◌િ	જ	◌ો	◌ૉ	ય
ક	◌ા	◌ં	ગ	◌ા	ર	◌ૂ	બ	ક	ઘ	ગ	ડ	ઈ	ય	ચ	ત
ઉ	ટ	બ	ઠ	ઝ	◌ૂ	ન	◌્	છ	ડ	◌ો	◌ો	ઘ	◌ો	ક	ભ
◌્	ખ	ક	જ	◌ી	સ	ટ	◌ે	◌ે	વ	ર	લ	◌ૌ	ટ	થ	ઝ
ન	ર	અ	હ	શ	આ	સ	ઝ	ઊ	ર	◌િ	◌્	ળ	◌ે	◌ૉ	ઘ
ક	◌ૂ	ત	ર	◌ો	જ	ક	લ	ડ	◌ુ	લ	ફ	લ	ફ	પ	જ
ઝ	◌ૂ	◌ૉ	પ	ન	ઘ	ય	ગ	◌ુ	હ	◌ા	◌િ	ઘ	પ	છ	◌ૂ
ઘ	હ	◌ૌ	ક	અ	ખ	ડ	◌િ	ણ	◌ં	ધ	ન	ષ	ઈ	ઈ	ક
લ	ષ	પ	◌ૂ	થ	◌ી	ઠ	ફ	ધ	ક	ટ	ઘ	વ	બ	વ	◌ે
ચ	ઊ	ન	ઊ	પ	રા	ઈ	◌ુ	ઝ	ધ	હ	બ	ર	ઠ	ષ	◌ો

રાંછ
બીવર
બુલ
બિલાડી
કોયોટે
કૂતરો
ડૉલ્ફિન
હાથી
શિયાળ
જિરાફ

ગોરિલા
ઘોડો
કાંગારૂ
સિંહ
વાનર
સસલું
ઘેટાં
વ્હેલ
વરુ
ઝેબ્રા

22 - Restaurant #1

◌ો	ટ	મ	◌્	◌ે	ષ	દ	ક	હ	ઈ	એ	ટ	ખ	ય	ળ	ફ
ઊ	◌ુ	બ	મ	◌ે	ન	◌ુ	બ	ચ	હ	ચ	લ	ડ	◌ો	થ	◌ો
◌ૌ	સ	ગ	ભ	સ	ડ	દ	◌ૌ	ણ	ચ	બ	◌ે	ર	◌ે	◌ૃ	ભ
બ	ભ	ક	ફ	◌ી	◌ો	ક	ર	◌ા	◌ો	ખ	◌્	◌ે	◌્	બ	ધ
ર	દ	◌ા	લ	◌ે	◌ા	સ	મ	ઠ	પ	ધ	પ	◌્	બ	જ	અ
ર	ઈ	વ	ઉ	ષ	ટ	◌ા	ઠ	◌ા	થ	અ	ન	બ	પ	◌ુ	◌ી
સ	છ	◌ે	◌ા	અ	ય	થ	આ	ડ	◌ં	આ	ર	ક	◌્	ષ	ણ
◌ો	ર	ઈ	બ	બ	ળ	ઊ	◌ા	◌ૌ	હ	સ	શ	◌ૂ	ખ	પ	દ
ડ	◌ી	ટ	ઝ	ભ	અ	ઉ	થ	ઘ	જ	સ	શ	એ	ર	ઠ	ગ
◌ુ	લ	◌્	ડ	દ	ષ	◌ૃ	ક	ટ	ટ	ર	વ	ઊ	ય	ણ	ળ
◌ં	ઈ	ર	ગ	◌ૃ	◌ુ	ખ	ન	ક	◌િ	ચ	ણ	ઢ	શ	વ	ખ
◌ા	◌ી	◌ે	◌ી	ઊ	ઝ	મ	ચ	◌ો	ન	◌ે	પ	ક	◌િ	ન	સ
◌ૃ	ઈ	સ	ભ	◌ો	મ	◌ો	મ	◌ૌ	અ	◌ં	ન	ન	◌ે	◌ૌ	ઊ
ડ	◌ે	ઝ	ર	◌્	ટ	આ	◌્	ક	ય	◌ુ	◌ૂ	ઠ	ક	ટ	ઢ
◌ૂ	ષ	શ	◌્	ય	મ	ઢ	જ	ઢ	◌ૂ	ઉ	ઢ	ણ	ફ	ઊ	◌ા
ઉ	ષ	ષ	ઠ	હ	આ	ડ	વ	ય	ડ	છ	◌ો	મ	◌ુ	ભ	હ

એલજાં
ડેઝર્ટ
રસોડું
છરાં
નેપકિન
આરક્ષણ

23 - Bees

સ	ૂ	ર	્	ય	જ	ગ	શ	અ	ફ	ળ	મ	પ	મ	ઠ	ૌ
ુ	બ	ધ	ૌ	ર	ા	ં	ચ	ધ	વ	ય	સ	ધ	ી	ન	ઘ
પ	ા	ં	ખ	ો	થ	આ	ત	ષ	ી	ૃ	લ	ઝ	ણ	ો	અ
ી	ે	ન	ં	ણ	્	છ	ા	ુ	ર	ં	ો	હ	ી	ડ	ા
ષ	ઠ	ભ	ધ	ો	ઢ	ઘ	ધ	ે	ખ	ૂ	્	ભ	ા	્	ે
ુ	થ	ટ	શ	ભ	ી	સ	વ	ગ	ે	લ	બ	બ	ર	ત	અ
મ	્	મ	ટ	સ	્	સ	િ	ો	ક	ઈ	ષ	ઈ	આ	અ	ફ
વ	ૃ	ઢ	અ	્	ઢ	ત	િ	જ	ુ	ર	જ	લ	હ	ધ	્
થ	ફ	િ	ભ	ુ	છ	ષ	વ	ણ	્	ડ	ફ	બ	ો	ુ	ફ
અ	ઠ	ૂ	ા	પ	ર	ા	ગ	િ	ે	વ	ો	ત	ણ	મ	બ
ઠ	ડ	મ	લ	ખ	ો	ર	ા	ક	ઈ	ધ	ા	ૌ	આ	ા	ગ
િ	ખ	ધ	િ	ો	ફ	ા	ય	દ	ા	ક	ા	ર	ક	ડ	ી
ઉ	ખ	પ	હ	ષ	ર	્	હ	ષ	ક	ર	છ	ન	ય	ો	ચ
સ	ય	ૂ	ન	ુ	ન	િ	વ	ા	સ	સ	્	થ	ા	ન	ો
ન	થ	ડ	ો	છ	છ	ગ	ષ	ઊ	ો	મ	િ	િ	ટ	ઈ	અ
ી	ઈ	ો	ષ	લ	ઠ	ધ	ટ	ર	ં	ત	ષ	મ	ા	ર	િ

ફાયદાકારક
બ્લોસમ
વિવિધતા
ઇકોસિસ્ટમ
ફૂલો
ખોરાક
ફળ
બગીચો
નિવાસસ્થાન
મધપૂડો
મધ
જંતુ
છોડ
પરાગ
રાણી
ધુમાડો
સૂર્ય
મીણ
પાંખો

24 - Adventure

સ	પ	ડ	ક	◌ા	ર	◌ો	◌ો	થ	સ	આ	ષ	◌ો	અ	પ	આ
◌ુ	◌ો	ડ	ઈ	◌ૌ	હ	ખ	છ	મ	◌ં	વ	ન	સ	◌ૂ	◌્	શ
◌ં	ઈ	ટ	◌િ	ન	ર	ર	◌ી	◌િ	શ	◌િ	ટ	◌ં	ઈ	ર	◌્
દ	◌ુ	બ	ક	અ	લ	આ	ઠ	ત	◌ો	સ	ય	ઝ	દ	ક	ચ
ર	ચ	વ	ઝ	સ	બ	ઊ	◌ો	◌્	ધ	ઠ	◌્	◌ૌ	ધ	◌ૃ	ર
ત	ર	ર	ન	◌ા	હ	સ	ય	ર	ક	અ	ર	◌ા	હ	ત	◌્
◌ા	જ	ર	ઊ	મ	◌ા	લ	ર	◌ો	ત	◌ુ	પ	◌ી	◌્	◌િ	ય
ષ	ય	◌ે	જ	◌ા	દ	◌ા	દ	દ	હ	◌ં	◌ુ	ચ	જ	ઈ	જ
ઈ	ચ	ય	ત	ન	◌ુ	મ	◌ા	ભ	ન	સ	ચ	પ	◌ો	ળ	ન
ન	ળ	શ	દ	◌્	ર	ત	ખ	ત	ર	ન	◌ા	ક	◌ૂ	ષ	ક
◌ી	◌ં	◌ા	ર	ય	◌ી	◌ી	દ	◌ં	આ	ન	છ	◌્	◌ી	◌ૂ	છ
શ	◌ા	છ	ટ	ખ	ન	ત	◌ૈ	ય	◌ા	ર	◌ી	◌ુ	ત	ઠ	ઈ
◌ો	◌ૃ	ડ	ઊ	◌ી	ફ	મ	◌્	ઈ	◌ૃ	પ	ખ	ન	◌ં	ઉ	ઈ
હ	જ	ષ	શ	ળ	◌ો	થ	ઈ	ણ	હ	ઝ	◌િ	ન	ઉ	ઢ	◌િ
ઢ	ષ	બ	ઈ	◌િ	જ	પ	◌્	ર	વ	◌ૃ	ત	◌્	ત	◌િ	◌િ
મ	◌ુ	શ	◌્	ક	◌ે	લ	◌ી	મ	◌ુ	ઈ	હ	થ	હ	ઉ	ફ

પ્રવૃત્તિ
સુંદરતા
બહાદુરી
પડકારો
તક
ખતરનાક
મુશ્કેલી
ઉત્સાહ
પર્યટન
મિત્રો
છાટિનરરાં
આનંદ
પ્રકૃતિ
સંશોધક
નવું
તૈયારી
સલામતી
આશ્ચર્યજનક
અસામાન્ય

25 - Restaurant #2

છ	બ	ષ	◌ૃ	લ	શ	મ	શ	ઝ	સ	સ	◌ો	લ	દ	ઠ	થ
ક	સ	ર	ર	દ	ય	◌ી	ચ	મ	ચ	પ	◌ા	ણ	◌ી	િ◌	◌ૃ
ર	◌ં	ત	ફ	ક	ચ	ઠ	ર	વ	ળ	ઠ	◌ી	◌ૂ	િ◌	ણ	િ◌
આ	શ	બ	ઉ	◌ં	લ	◌ુ	ણ	◌ુ	◌ં	◌ી	પ	શ	બ	મ	ર
લ	◌ં	ચ	સ	ટ	◌ો	◌ં	◌ા	ક	ખ	આ	◌ં	◌ં	ઈ	◌ા	◌ા
◌ા	મ	ઈ	ઢ	ષ	શ	◌ા	ક	ભ	◌ા	જ	◌ી	ળ	◌ૃ	છ	ત
◌ા	ગ	લ	પ	◌્	લ	◌ે	◌ો	ઠ	આ	◌ી	◌ૂ	લ	ધ	લ	◌્
સ	ઠ	◌ે	વ	દ	ઉ	સ	◌ૌ	ઉ	ગ	છ	◌્	આ	ચ	◌ી	ર
મ	ફ	ળ	ઉ	િ◌	દ	ષ	ઠ	વ	ધ	સ	ઢ	ચ	ડ	ષ	િ◌
◌ે	ત	ન	લ	વ	ચ	ધ	દ	ઊ	આ	િ◌	છ	ળ	ર	િ◌	ભ
અ	ઠ	◌ો	ક	◌ા	શ	ડ	◌ં	આ	ય	ણ	◌ુ	ધ	ઘ	◌ુ	◌ો
ટ	દ	ન	મ	◌્	◌ં	હ	ષ	◌ૌ	થ	સ	છ	ક	છ	અ	જ
ત	પ	જ	ઈ	સ	લ	◌્	ડ	◌ૂ	ન	લ	ભ	ભ	◌ૂ	◌ા	ન
ક	ઊ	શ	સ	ઉ	◌ં	ઘ	◌ૌ	ઝ	◌ો	◌ા	વ	◌ે	ઈ	ટ	ર
ભ	◌ે	ળ	◌ૂ	અ	ષ	ઘ	◌ો	વ	અ	ડ	◌ે	ણ	ખ	ગ	◌ૃ
◌્	◌ી	ક	પ	ઘ	◌ૃ	ઊ	◌ૃ	આ	ઉ	ર	ખ	◌્	◌ે	લ	દ

પાંણું
કેક
ખુરશી
સ્વાદિષ્ટ
રાત્રિભોજન
માછલી
કાંટો
ફળ
બરફ
લંચ
નૂડલ્સ
સલાડ
મીઠું
સૂપ
મસાલા
ચમચી
શાકભાજી
વેઇટર
પાણી

26 - Geology

ક	વ	ક	અ	ગ	અ	◌ં	એ	ગ	◌ી	◌ં	ફ	ક	ઊ	ન	વ
ખ	◌ે	સ	◌્	શ	ણ	ત	સ	ક	◌ૂ	ણ	બ	લ	ર	◌ો	ક
◌ં	◌્	લ	◌ૃ	ગ	◌્	શ	◌િ	◌્	◌િ	હ	ર	◌ા	◌્	ઝ	◌ૌ
ડ	સ	◌્	◌્	આ	ટ	મ	ડ	વ	પ	બ	◌િ	વ	ક	◌ૃ	ણ
ત	ટ	ટ	ઉ	શ	ખ	ઘ	◌િ	◌ા	ક	ઝ	શ	◌ા	ચ	હ	◌ૌ
દ	◌ી	સ	ખ	ઝ	◌િ	ણ	ન	ર	◌્	વ	◌ે	ક	ઠ	અ	છ
◌િ	ચ	◌્	ઝ	ધ	◌ુ	ય	પ	◌્	ત	ઠ	ખ	ઝ	◌ુ	ઢ	ખ
◌ૌ	ફ	ર	ડ	અ	ઘ	ઝ	મ	ટ	◌ી	◌્	ઈ	પ	◌ં	ખ	ઈ
ધ	દ	◌િ	પ	થ	◌્	થ	ર	ઝ	ધ	ખ	સ	ગ	◌ી	ઝ	ર
◌ે	બ	◌્	ક	ડ	આ	ઊ	ડ	◌ે	◌ો	ડ	ફ	લ	મ	શ	દ
ફ	ટ	ક	◌ં	ણ	ભ	ઘ	ઈ	◌ે	વ	◌ો	◌ો	ચ	ઢ	◌ો	◌ો
ગ	◌િ	ષ	◌ૂ	ખ	◌ી	મ	◌ુ	ળ	◌ા	વ	◌ા	◌્	જ	◌ો	ફ
ચ	અ	ઠ	ભ	ત	બ	દ	ગ	ત	ણ	ઈ	સ	દ	ઢ	પ	◌ો
પ	◌ી	ગ	ળ	◌ે	લ	◌ા	ન	◌ો	થ	ષ	ત	◌ે	ખ	ઘ	ળ
સ	◌્	ટ	◌ે	લ	◌ે	ક	◌્	ટ	◌ા	ઈ	ટ	અ	ઢ	ટ	શ
ઠ	ગ	◌ૌ	◌ુ	હ	ઠ	પ	ફ	◌ૌ	ઈ	ટ	વ	થ	ફ	ષ	ભ

એસિડ
કેલ્શિયમ
કેવર્ન
ખંડ
કોરલ
ક્રિસ્ટલ્સ
ચક્ર
ભૂકંપ
ધોવાણ
અશ્મિ
ગીઝર
લાવા
સ્તર
પીગળેલા
ક્વાર્ટઝ
મીઠું
સ્ટેલેક્ટાઇટ
પથ્થર
જ્વાળામુખી
ઝોન

27 - House

ન	ઈ	થ	ધ	બ	ગ	પ	◌ુ	સ	◌્	ત	ક	◌ા	લ	ય	ટ
ઠ	જ	◌ં	◌ં	ઢ	◌ે	◌ી	◌ો	ણ	ઢ	થ	જ	◌ુ	ઘ	◌્	◌ી
ફ	ફ	◌ા	ટ	ષ	ર	દ	ઈ	◌િ	ઈ	◌્	ઘ	ય	ઈ	ળ	◌ે
ફ	ણ	ર	ડ	◌િ	◌ે	◌ી	ડ	ગ	સ	ષ	ખ	◌ા	અ	ઊ	પ
ય	ભ	ર	◌્	અ	જ	વ	◌ૃ	◌ી	◌ૃ	ફ	દ	ઈ	બ	મ	◌િ
ળ	◌ે	◌િ	◌ો	ન	ઘ	◌ા	ઉ	દ	છ	ટ	ટ	◌ં	◌ે	ધ	છ
◌ૌ	ઈ	મ	ધ	ણ	◌િ	લ	મ	◌ી	બ	ળ	ગ	ખ	ડ	◌ુ	◌ૌ
◌ા	ક	ર	ર	ઉ	ર	ચ	ર	વ	ઠ	ય	◌ો	ક	ર	ટ	◌્
ર	ઊ	લ	◌ૂ	ન	◌િ	◌ો	ર	◌ો	ચ	વ	◌ી	◌ો	◌ૂ	હ	ળ
ક	સ	ઘ	મ	◌ે	ક	◌ી	ટ	એ	◌ી	મ	ગ	થ	મ	થ	◌ં
ધ	◌ં	◌ો	બ	જ	પ	ગ	થ	સ	મ	બ	◌ા	ર	ણ	◌ુ	◌ં
ઠ	પ	ન	ડ	ઈ	દ	બ	ધ	◌ૃ	ન	◌ં	◌ે	દ	◌ી	ઠ	◌ે
ભ	હ	ફ	ભ	◌ુ	ઘ	લ	ઘ	ત	◌ી	છ	◌ે	ધ	ર	ફ	ઉ
ક	◌્	ક	ષ	ઠ	◌ં	વ	ણ	ઊ	◌ો	ત	વ	મ	વ	મ	વ
ર	લ	ળ	ભ	વ	◌ા	ડ	◌ો	ન	◌્	◌િ	વ	ર	◌ા	◌ા	◌ો
ઘ	ઈ	હ	ડ	ર	થ	સ	સ	◌્	ન	◌ા	ન	ય	સ	ળ	ઈ

એટીક
બેડરૂમ
સાવરણી
ચીમની
બારણું
વાડ
સગડી
માળ
ફર્નિચર
ગેરેજ

બગીચો
રસોડું
દીવો
પુસ્તકાલય
મિરર
છત
રૂમ
સ્નાન
દીવાલ
વિન્ડો

28 - Physics

સ	◌ા	મ	◌ો	◌ો	ખ	◌િ	ર	ઈ	ષ	◌ો	ફ	ઢ	ડ	ભ	ટ
◌ે	◌ા	ણ	◌ૉ	શ	ર	હ	થ	ષ	ક	◌ં	◌ો	ઘ	ઠ	◌ી	ઘ
ગ	ત	ર	ષ	ફ	શ	ચ	◌ા	ઘ	◌ૉ	થ	ય	ઢ	ઉ	ઊ	ય
◌ે	ન	ત	◌્	ત	ઘ	ભ	ખ	ઈ	ટ	ણ	ઝ	ઈ	◌ં	ભ	ન
વ	ઘ	સ	ગ	વ	◌ે	ર	◌્	પ	શ	◌ુ	વ	લ	ઢ	પ	બ
ઉ	ખ	◌્	ર	◌ા	ત	◌ા	ષ	ક	◌્	પ	◌ે	◌ા	સ	ઝ	જ
મ	સ	◌િ	ઊ	ન	ત	◌્	ર	વ	આ	ઢ	ળ	ય	ખ	ડ	◌ૃ
વ	◌ે	વ	◌ુ	બ	◌ો	ણ	ર	ગ	ય	દ	અ	◌ુ	ક	પ	છ
આ	◌ી	ગ	છ	ણ	ક	બ	ષ	◌િ	લ	શ	બ	મ	બ	ઈ	ય
ઉ	◌ી	જ	◌્	અ	◌ૌ	ઠ	ય	જ	ક	પ	મ	◌્	હ	જ	ખ
થ	અ	ષ	◌ા	ન	જ	◌િ	◌ં	એ	મ	ખ	◌ો	ર	ઊ	◌્	ળ
ફ	ઢ	થ	અ	ણ	◌ે	ઉ	થ	◌ુ	◌િ	ય	ર	◌્	◌ી	ભ	દ
ત	◌ૂ	લ	ણ	ફ	◌ુ	ટ	ષ	છ	◌ે	◌ો	આ	◌ો	વ	ઠ	ગ
◌ે	◌ા	ગ	◌ુ	◌ો	શ	ધ	◌િ	ણ	ક	ચ	ણ	ફ	જ	◌ો	ળ
ઘ	છ	ષ	દ	◌ૉ	ય	પ	ટ	ઝ	પ	ર	મ	◌ા	ણ	◌ુ	ઈ
મ	◌િ	ક	◌ે	ન	◌િ	ક	◌્	સ	મ	ન	ડ	બ	ઊ	◌ુ	◌ે

પ્રવેગ
અણબનાવ
કેમિકલ
ઘનતા
વીજાણુ
એંજિન
વિસ્તરણ
ફોર્મ્યુલા
આવર્તન
ગેસ
મેગ્નેટિઝમ
માસ
મિકેનિક્સ
અણુ
પરમાણુ
કણ
સાપેક્ષતા
ઝડપ
સાર્વત્રિક
વેગ

29 - Dance

સ	◌ા	◌ં	સ	◌્	ક	◌ૃ	ત	◌િ	ક	ન	ળ	ળ	આ	ઊ	ક
ઢ	ધ	◌ૃ	ર	◌ી	ર	શ	થ	ચ	ળ	વ	ળ	અ	ફ	સ	◌ો
પ	◌ૌ	◌ૉ	◌ે	દ	◌ે	ખ	◌ી	ત	◌ુ	◌ં	હ	ઝ	ય	ફ	ર
◌ે	ત	ક	◌્	ય	વ	◌્	◌િ	ભ	અ	ઊ	ઠ	ખ	◌ૃ	◌ે	◌િ
ય	લ	◌ી	ગ	જ	ઝ	◌ો	◌ૂ	દ	આ	◌ૃ	મ	પ	ગ	ચ	ય
પ	ર	◌ં	પ	ર	◌ા	ગ	ત	ર	◌િ	હ	ર	◌્	સ	લ	◌ો
વ	બ	◌ી	શ	◌ા	ક	ધ	બ	સ	◌ૉ	ડ	લ	ઢ	સ	ર	ગ
આ	ય	ખ	ત	દ	◌િ	ળ	ઘ	ઢ	છ	ઢ	ફ	ણ	જ	બ	◌્
લ	ન	◌ૌ	◌ૃ	◌્	ગ	ઢ	◌ા	◌ે	◌ૂ	ચ	જ	ફ	ઈ	ઊ	ર
◌ે	◌ા	લ	ણ	◌ુ	સ	◌ૌ	ઘ	ય	ભ	◌ો	લ	ણ	ખ	શ	◌ા
◌ૂ	ઝ	ગ	ત	મ	ગ	◌્	ફ	◌ા	સ	ર	◌ુ	ધ	ર	ઝ	ફ
ખ	◌ે	જ	ણ	◌ો	ક	ક	◌ા	દ	◌ં	આ	ન	◌ં	દ	◌ી	◌ી
ટ	◌્	ષ	◌ૂ	◌ી	ઠ	ચ	શ	શ	ગ	◌ૌ	ઢ	◌ા	ફ	◌િ	ત
ભ	◌ા	ગ	◌ી	દ	◌ા	ર	ભ	મ	◌ી	ડ	◌ે	◌ે	ક	એ	ઊ
ઈ	◌ો	બ	વ	◌ુ	ર	◌ા	દ	ભ	ત	ર	ત	◌ૉ	ડ	ઝ	ઈ
◌ુ	◌ૌ	◌ા	ડ	ઘ	સ	◌ં	સ	◌્	ક	◌ૃ	ત	◌િ	ડ	દ	ઘ

અકડમાં
કળા
શરીર
કોરિયોગ્રાફી
શાસ્ત્રીય
સાંસ્કૃતિક
સંસ્કૃતિ
લાગણી
અભિવ્યક્ત
ગ્રેસ
આનંદી
ચળવળ
સંગીત
ભાગીદાર
મુદ્રા
રિહર્સલ
લય
પરંપરાગત
દેખીતું

30 - Coffee

ક	◌િ	ગ	ઢ	ક	મ	ઘ	ર	ચ	આ	ર	ગ	દ	ષ	ઢ	◌્
◌િ	◌ુ	ડ	◌ં	◌ા	ખ	ટ	ઊ	ઠ	દ	◌ૃ	◌ૂ	ર	ધ	છ	ઈ
◌ં	ગ	◌ી	લ	ળ	◌્	ઝ	પ	◌ૃ	◌્	ચ	સ	◌્	વ	◌ા	દ
મ	ધ	◌્	ટ	◌ા	◌ૌ	ઈ	ક	◌્	મ	સ	વ	◌ા	ર	છ	◌ૃ
ત	◌ુ	ન	ર	વ	◌િ	વ	◌િ	ધ	ર	ટ	લ	◌્	◌િ	ફ	છ
દ	ખ	ઈ	વ	◌ા	બ	છ	અ	છ	◌ી	વ	મ	◌ૂ	ળ	ત	ખ
ણ	ડ	ય	હ	વ	ઈ	ય	ઈ	◌ુ	◌્	ઈ	◌ા	ખ	આ	ત	ઢ
શ	◌ે	ક	◌ે	લ	◌ા	ન	◌ં	ષ	ક	પ	ઈ	હ	ન	ઘ	ક
દ	◌ૂ	ધ	ભ	ય	ગ	ફ	◌્	પ	ડ	◌ા	લ	બ	◌ી	હ	◌ે
પ	ટ	આ	◌ો	ન	જ	◌ી	ઊ	ડ	◌ી	ઝ	ગ	ઈ	સ	ખ	ટ
ઘ	◌ુ	ળ	ઈ	◌ો	ગ	◌ે	◌ે	બ	થ	ણ	ઈ	◌ી	ઢ	થ	◌િ
ટ	સ	ફ	◌્	◌ો	ઊ	ક	લ	ક	◌ો	◌ી	◌ુ	◌ુ	ગ	ઘ	◌ૌ
ફ	◌ુ	આ	ઠ	શ	ગ	ડ	ખ	ડ	◌ી	◌ા	ન	◌ં	છ	આ	પ
ઉ	વ	ઝ	મ	◌િ	ખ	ત	વ	વ	◌ા	પ	ઈ	◌ો	◌ો	બ	થ
◌ં	◌ા	ભ	લ	ઈ	◌ૃ	◌ી	ય	◌ો	ડ	ખ	ક	◌ુ	◌ં	ઠ	◌ૌ
ડ	સ	આ	દ	દ	◌ો	ભ	ઈ	◌ં	ગ	ખ	મ	આ	ણ	◌ે	ડ

સુવાસ
પીણું
કડવો
કાળા
કેફીન
ક્રીમ
કપ
ફિલ્ટર
સ્વાદ
ગ્રાઇન્ડ
પ્રવાહી
દૂધ
સવાર
મૂળ
કિંમત
શેકેલા
ખાંડ
વિવિધ
પાણી

31 - Shapes

શ	◌ં	ક	◌ુ	દ	હ	હ	ઉ	◌િ	ખ	અ	ય	◌ૃ	ઠ	◌ો	◌ે
ક	◌ં	◌ા	ળ	વ	◌ા	ટ	ઈ	શ	હ	શ	જ	◌ં	છ	ઝ	◌િ
ક	◌્	ઈ	ટ	પ	ય	લ	ત	ઢ	ઢ	ઊ	ભ	ભ	◌ી	દ	◌ી
થ	ડ	ય	ઉ	◌્	પ	લ	ઢ	◌ુ	ઘ	ઈ	ણ	પ	ઢ	ળ	ઉ
વ	સ	છ	◌ુ	◌ો	ર	◌ં	લ	ટ	વ	ટ	◌ૃ	◌ી	◌ો	◌ૌ	હ
ત	ર	ઈ	ચ	બ	બ	બ	◌ં	છ	ત	◌્	દ	લ	ત	ધ	◌ૃ
◌ી	◌ો	◌્	ખ	ડ	◌ો	ચ	બ	પ	◌ા	ચ	મ	◌ી	ઊ	ક	જ
ત	ચ	ટ	ત	ર	લ	◌ો	ગ	સ	◌્	ઈ	ડ	લ	ઈ	દ	બ
◌ો	ન	હ	મ	◌ુ	◌ા	ર	◌ો	◌િ	ઢ	ર	મ	લ	◌ી	ટ	◌ી
◌ં	બ	ળ	◌ુ	હ	ળ	સ	ળ	લ	◌ં	ન	◌િ	ધ	◌ુ	ઊ	◌ૌ
અ	◌ં	ડ	◌ા	ક	◌ા	ર	ધ	◌િ	◌ૂ	ર	ર	ઝ	ડ	ઢ	ચ
બ	હ	◌ુ	ક	◌ો	ણ	◌ો	ષ	ન	ત	◌્	◌ા	બ	મ	◌ે	સ
ધ	દ	અ	ર	◌ૂ	છ	◌ો	ઝ	◌્	ઈ	◌ો	◌િ	◌ા	અ	ઢ	ઉ
◌ૌ	ત	◌ે	ન	ગ	પ	ઈ	ત	ડ	ળ	ક	પ	જ	◌ા	ઢ	મ
ઉ	◌ે	◌ો	દ	◌ો	ણ	ક	◌ો	ર	◌િ	◌્	ત	◌ુ	ફ	થ	આ
ષ	◌ં	◌િ	ઊ	ળ	ત	ફ	ફ	આ	ખ	ઊ	ઈ	ન	ઢ	◌િ	ડ

ચાપ
વર્તુળ
શંકુ
કોર્નર
ક્યુબ
વળાંક
સિલિન્ડર
લંબગોળ
હાયપરબોલા
લીટી
અંડાકાર
બહુકોણ
પ્રિઝમ
પિરામિડ
લંબચોરસ
ગોળ
બાજુ
ચોરસ
ત્રિકોણ

32 - Scientific Disciplines

ન	ન	આ	◌િ	◌ો	ઈ	ઈ	ણ	શ	◌ુ	ઈ	ઈ	ખ	ર	ત	ન
◌ૌ	ફ	ઢ	◌્	ટ	બ	ક	ષ	જ	જ	ન	◌ુ	ગ	◌ો	અ	◌્
ન	ઈ	ઈ	જ	ળ	◌ા	થ	◌ો	◌ી	◌ી	◌ૉ	સ	◌ો	બ	ભ	ય
ષ	ન	◌ૉ	દ	ર	ય	ય	પ	લ	લ	ષ	ષ	ળ	◌ો	◌ૂ	◌ુ
ભ	ઞ	ભ	હ	ત	◌ો	ય	ઊ	◌ો	◌ો	પ	◌્	શ	ટ	સ	ર
મ	◌ા	પ	ય	◌્	લ	◌ા	◌ૌ	ઓ	ન	જ	ર	◌ા	◌િ	◌્	◌ો
◌િ	જ	ષ	◌ૌ	સ	◌ો	ભ	જ	સ	◌ો	◌ી	◌ી	સ	ક	ત	લ
ક	◌્	એ	◌ા	◌્	જ	ભ	ચ	◌િ	ય	લ	ટ	◌્	◌્	ર	◌ો
◌ે	વ	◌ા	ન	શ	◌ી	ઢ	પ	ન	◌ુ	◌ૉ	◌્	ત	સ	શ	જ
ન	◌િ	ફ	◌ા	◌ા	◌ા	ધ	ણ	◌ે	◌્	ર	સ	◌્	ડ	◌ા	◌ી
◌િ	◌ો	અ	ઊ	જ	ટ	સ	ગ	◌િ	મ	ન	◌્	ર	આ	સ	◌ં
ક	ન	◌ુ	◌ૂ	◌ા	ધ	◌ો	◌્	ક	ઈ	◌િ	મ	સ	ગ	◌્	અ
◌્	મ	અ	ચ	મ	ચ	◌ુ	મ	ત	લ	મ	◌િ	જ	◌ૉ	ત	ઘ
સ	ય	થ	ભ	સ	ધ	ય	ઊ	◌ી	◌્	દ	◌ે	ઈ	ઉ	◌્	દ
ફ	◌િ	ઝ	◌િ	ય	◌ો	લ	◌ો	જ	◌ી	ર	ક	ડ	ફ	ર	◌્
હ	વ	◌ા	મ	◌ા	ન	શ	◌ા	સ	◌્	ત	◌્	ર	ય	દ	દ

એનાટોમાં
ખગોળશાસ્ત્ર
બાયોલોજી
કેમિસ્ટ્રી
ઇકોલૉજી
ભૂસ્તરશાસ્ત્ર
ઇમ્યુનોલોજી
કિનેસિઓલોજી
ભાષાશાસ્ત્ર
મિકેનિક્સ
હવામાનશાસ્ત્ર
મિનરલૉજી
ન્યુરોલોજી
પોષણ
ફિઝિયોલોજી
મનોવિજ્ઞાન
રોબોટિક્સ
સમાજશાસ્ત્ર

33 - Science

પ	વ	ડ	ત	ઉ	ત	◌્	ક	◌્	ર	◌ા	◌ં	ત	◌િ	ક	પ
◌્	◌ૈ	ઉ	ઉ	મ	◌િ	અ	વ	લ	◌ો	ક	ન	ચ	◌ી	◌િ	◌ૂ
ર	જ	શ	ઈ	મ	◌્	◌ો	ઉ	ફ	ફ	મ	◌ા	ક	જ	ખ	ર
ક	◌્	ત	થ	વ	ચ	ઠ	હ	ઝ	ણ	◌ુ	છ	જ	હ	ઉ	◌્
◌ૃ	ઞ	◌ો	◌િ	ધ	ઠ	ડ	ધ	થ	◌્	ય	◌ો	ભ	દ	ઈ	વ
ત	◌ા	ર	મ	◌ો	સ	ય	અ	ર	અ	◌ે	છ	◌્	થ	ડ	ધ
◌િ	ન	ઝ	મ	◌િ	લ	લ	◌ે	બ	◌ો	ર	◌ે	ટ	ર	◌ી	◌ા
◌ી	◌િ	ધ	ર	ત	◌્	સ	◌્	શ	◌ા	ક	ત	◌િ	◌ૌ	ભ	ર
ફ	ક	ગ	ષ	સ	ય	શ	આ	ડ	ઠ	◌ો	ટ	◌ો	સ	સ	ણ
જ	હ	ય	આ	ળ	◌ુ	ણ	અ	◌ો	ટ	ગ	◌ૃ	ન	જ	સ	◌ા
ખ	◌િ	◌ો	ઉ	લ	ક	ખ	ટ	◌િ	ઈ	છ	ગ	◌િ	◌ી	હ	છ
ગ	◌ુ	ર	◌ુ	ત	◌્	વ	◌ા	ક	ર	◌્	ષ	ણ	વ	ક	◌ો
◌ો	જ	◌્	ણ	ર	લ	◌ી	◌ે	શ	ક	◌ં	◌ૂ	ચ	ફ	◌ી	ડ
સ	◌ુ	પ	ઝ	ટ	◌ે	ટ	ડ	પ	દ	◌્	ધ	ત	◌િ	ક	ટ
આ	સ	◌ો	ટ	બ	◌ો	ક	ણ	◌ો	ભ	ક	ત	ટ	◌ૃ	ત	ઠ
ષ	ઈ	ટ	લ	ક	મ	◌િ	◌ે	ક	આ	બ	◌ો	હ	વ	◌ા	◌્

અણુ
કેમિકલ
આબોહવા
ડેટા
ઉત્ક્રાંતિ
પ્રયોગ
હકીકત
અશ્મિ
ગુરુત્વાકર્ષણ
પૂર્વધારણા
લબોરેટરી
પદ્ધતિ
મોલેક્યુલ્સ
પ્રકૃતિ
અવલોકન
સજીવ
કણો
ભૌતિકશાસ્ત્ર
છોડ
વૈજ્ઞાનિક

34 - Beauty

ધ	ગ	◌ં	◌ુ	સ	લ	◌્	◌્	ર	ક	ત	હ	ન	છ	◌ુ	ઠ
ફ	ઢ	શ	◌્	◌ે	અ	ઠ	ક	◌ુ	થ	ઈ	◌્	દ	ઈ	ળ	ય
આ	ણ	લ	ઢ	વ	વ	ઉ	◌ા	ગ	હ	દ	ત	વ	શ	ઢ	ફ
ઈ	છ	◌િ	શ	◌ા	મ	ષ	ત	મ	◌ે	ક	અ	પ	ચ	ઢ	ગ
ફ	◌ૂ	ઈ	◌ા	ઓ	ર	◌િ	ર	ડ	◌ી	ન	અ	◌ા	શ	◌ા	◌્
ઈ	શ	ટ	ફ	ઊ	◌ં	ણ	ર	ભ	ન	◌િ	◌ૌ	ય	◌ી	ણ	ર
◌ો	◌ૃ	◌ા	બ	◌ી	ગ	ર	શ	ર	◌ૃ	જ	◌ૃ	ણ	પ	ભ	◌ે
મ	સ	◌્	ક	ર	◌ા	ક	ટ	◌િ	મ	◌ે	સ	◌્	◌ો	ક	સ
◌ે	ઘ	સ	◌ો	ન	દ	◌ી	◌િ	પ	આ	ટ	ઠ	વ	ઈ	બ	ફ
◌ા	◌ૌ	ળ	◌ુ	◌ં	◌ો	શ	આ	ફ	◌ા	◌ો	◌િ	◌ા	હ	ગ	ઢ
ત	◌ે	લ	ઈ	◌ી	શ	વ	◌ે	◌ુ	ક	◌ો	ખ	લ	મ	ળ	ઝ
લ	◌િ	પ	સ	◌્	ટ	◌િ	ક	મ	ફ	ફ	◌ા	વ	◌ા	ષ	ટ
ઊ	◌ં	છ	વ	ઠ	ભ	ણ	◌ી	ય	◌્	વ	ભ	ળ	અ	સ	ન
ઈ	છ	◌ુ	◌્	ળ	◌ે	ય	ઢ	ખ	જ	પ	ર	અ	ધ	ગ	થ
ડ	વ	ઈ	ઝ	ઊ	ષ	◌િ	ળ	ર	◌ો	ગ	◌ૂ	◌ા	ત	ત	ઘ
ખ	અ	ષ	◌ો	ખ	ન	ઠ	◌ુ	દ	થ	ઊ	થ	ખ	છ	ક	દ

વશીકરણ
રંગ
કોસ્મેટિક
કર્લ્સ
લાવણ્ય
ભવ્ય
સુગંધ
ગ્રેસ
લિપસ્ટિક
મેકઅપ
મસ્કરા
મિરર
તેલ
ફોટોજેનિક
કાતર
સેવાઓ
શેમ્પૂ
ત્વચા
સ્ટાઈલિશ

35 - Clothes

ડ	શ	આ	સ	ઈ	દ	ષ	ઠ	◌ં	પ	જ	જ	◌ુ	ચ	ભ	◌ૌ
◌ે	◌્	વ	ઊ	◌ે	ખ	ક	ડ	અ	જ	◌ા	◌ો	મ	◌ો	બ	ઠ
ત	ટ	ર	ઠ	ન	ન	ઘ	ખ	ઊ	◌ા	જ	◌ી	ડ	ક	◌્	બ
છ	◌િ	◌ો	◌ે	બ	ટ	◌્	બ	ક	મ	◌ી	પ	◌ૂ	◌ો	લ	શ
દ	◌ૂ	ણ	મ	સ	ઠ	ખ	ડ	ડ	◌ા	ન	◌ે	◌્	◌ો	◌ા	ત
સ	◌્	ક	◌ા	ર	◌્	ફ	શ	લ	સ	◌્	ન	◌ો	ઊ	ઉ	ષ
ળ	◌્	◌ં	પ	◌ી	◌ો	ટ	ર	ઝ	છ	સ	◌્	◌િ	ણ	ઝ	ગ
જ	થ	ક	◌ં	લ	હ	◌ે	◌્	બ	ગ	ણ	ટ	ફ	◌ે	શ	ન
◌ે	દ	◌ો	ફ	વ	બ	ન	ટ	પ	ઘ	ષ	લ	ન	◌ૂ	ત	થ
ક	જ	◌ં	ઈ	◌ે	ઠ	ઢ	ર	ટ	વ	◌ે	◌્	સ	◌ૂ	ઢ	◌ં
◌ે	જ	આ	◌ૃ	◌્	ગ	વ	છ	◌્	ઠ	ઊ	◌ે	ઊ	◌ા	હ	ચ
ટ	ખ	ળ	સ	જ	◌ે	ઈ	ક	ટ	ચ	◌ૃ	બ	ઠ	પ	◌ી	◌ં
◌ો	ઈ	દ	◌ા	ફ	ઠ	ગ	ઈ	◌ી	સ	◌્	ક	ર	◌્	ટ	મ
ગ	◌ૌ	◌ૂ	શ	મ	જ	ર	ક	◌ો	ટ	છ	વ	ઠ	ર	જ	ઈ
ક	◌ૂ	ઠ	બ	ય	◌ૂ	ક	ષ	◌ા	જ	◌ા	ષ	ઉ	ઈ	ઉ	ચ
હ	ઢ	ર	◌ૂ	ણ	ઝ	◌્	બ	◌ૌ	બ	◌ુ	ફ	ળ	ષ	ર	ન

પટ્ટો
બેલ્ટ
બ્લાઉઝ
કંકણ
કોટ
ડ્રેસ
ફેશન
મોજા
ટોપી
જેકેટ
જીન્સ
જ્વેલરી
પજામાસ
પેન્ટ
સેન્ડલ
સ્કાર્ફ
શર્ટ
જોડો
સ્કર્ટ
સ્વેટર

36 - Ethics

સ	સ	પ	મ	◌ૂ	ણ	છ	વ	ટ	ટ	વ	ઉ	ચ	◌ુ	ચ	ઠ
હ	હ	ર	◌ી	વ	◌ા	દ	◌્	જ	◌ા	ર	દ	ઝ	ઊ	ઠ	◌્
ક	ન	◌ો	પ	ષ	◌ુ	◌ે	ઠ	ન	◌ં	જ	છ	આ	જ	અ	લ
◌ા	શ	પ	થ	◌ા	ર	◌ો	ગ	અ	◌ી	બ	ભ	શ	આ	ક	◌િ
ર	◌ી	ક	ઉ	ન	ક	ખ	ઢ	ખ	ર	◌ી	ક	◌ા	ત	◌િ	હ
વ	લ	◌ા	ઊ	પ	ચ	ભ	ફ	◌ં	ત	જ	અ	વ	ઠ	◌ો	ઘ
◌્	ત	ર	આ	ઠ	ઘ	હ	ફ	ડ	ધ	◌ા	ઈ	◌ા	ર	◌ૂ	◌ૌ
ય	◌ા	◌ા	ઠ	દ	ળ	ખ	ષ	◌િ	◌ો	વ	◌ે	દ	ઈ	◌ૌ	દ
ક	ડ	ધ	વ	◌ો	ર	◌ૂ	ગ	ત	ધ	◌ી	ર	જ	◌ૌ	ક	ગ
◌્	◌ં	પ	લ	ન	ઝ	ણ	◌ૌ	ત	સ	મ	જ	દ	◌ા	ર	◌ી
ત	ડ	ઈ	પ	શ	◌ા	છ	◌ી	◌ા	શ	◌ા	ણ	પ	ણ	◌િ	◌ા
◌િ	શ	સ	◌ૃ	◌્	ગ	મ	અ	ય	ઝ	લ	◌િ	છ	દ	◌્	◌ં
વ	◌્	ઈ	ણ	ર	◌ો	વ	◌ી	થ	◌ે	ઠ	◌ો	◌ા	ય	◌ૂ	વ
◌ા	ઈ	જ	વ	દ	વ	◌ા	વ	ત	સ	◌્	◌ા	વ	◌ા	◌િ	ઠ
દ	પ	◌્	ર	◌ા	મ	◌ા	ણ	◌િ	ક	ત	◌ા	ટ	ળ	◌ી	ખ
ક	ળ	મ	શ	ટ	◌ૃ	સ	ટ	◌ૃ	લ	◌િ	પ	ઢ	ળ	◌્	હ

પરોપકાર
હિતકારી
કરુણા
સહકાર
ગૌરવ
રાજદ્વારી
પ્રામાણિકતા
માનવતા
વ્યક્તિવાદ
અખંડિતતા
દયા
આશાવાદ
ધીરજ
દર્શન
સમજદારી
વાસ્તવવાદ
વાજબી
આદરણીય
સહનશીલતા
શાણપણ

37 - Insects

ઉ	◌ો	◌ં	ઘ	◌ૌ	ધ	ષ	◌ો	ઉ	ધ	ઈ	◌િ	શ	સ	મ	ડ
શ	ખ	ણ	◌ા	◌ૂ	પ	◌ૉ	ટ	◌ા	બ	ક	ગ	ત	◌ી	ન	◌ૉ
આ	થ	ડ	◌ૂ	◌્	◌ં	ત	ન	સ	ઊ	ય	ભ	બ	આ	◌્	ક
◌્	◌ે	ટ	અ	◌ો	સ	હ	◌ે	ત	આ	◌ૃ	◌િ	બ	ઈ	ટ	◌ૂ
ઈ	ખ	ક	ક	ણ	બ	ટ	ર	ફ	◌્	લ	◌ા	ય	સ	◌િ	દ
લ	ઈ	ય	અ	◌િ	ર	છ	◌્	થ	ય	ણ	ઝ	ક	◌ી	સ	◌ી
ફ	ભ	ચ	ઢ	◌ુ	ભ	ખ	◌ો	આ	ખ	ઢ	◌ૂ	◌ી	એ	આ	ઘ
મ	ધ	મ	◌ા	ખ	◌ી	મ	હ	ઉ	◌ુ	ય	◌ી	ડ	ડ	◌ી	ત
ખ	ડ	મ	◌ા	ક	ડ	◌ી	ર	વ	◌ં	દ	◌ો	◌ી	◌ી	◌ં	ભ
◌ૉ	◌િ	ચ	ક	◌ૃ	મ	◌િ	છ	◌ી	◌ૃ	અ	ધ	ણ	એ	◌ા	મ
ત	ફ	ળ	◌ં	વ	મ	ચ	◌્	છ	ર	ચ	◌ી	છ	◌િ	ડ	ર
ર	અ	ન	ઊ	◌ા	ફ	◌િ	◌ૌ	ટ	◌ુ	ક	શ	ક	◌ી	◌ા	◌ો
ટ	ડ	ઈ	ણ	ર	ચ	અ	છ	ઢ	ઝ	આ	◌ે	ક	ઢ	◌ો	વ
ખ	ટ	છ	ખ	◌્	ઢ	હ	મ	◌ી	થ	લ	◌ે	ડ	◌ી	બ	ગ
◌ૌ	આ	ષ	પ	◌ા	ધ	ત	◌ૃ	ઉ	ર	હ	મ	◌ો	થ	◌ં	◌ૌ
◌ા	◌િ	ચ	ફ	લ	થ	લ	બ	ભ	વ	ધ	◌ે	ઢ	ગ	છ	મ

કીડી
અફિડ
મધમાખી
ભમરો
બટરફ્લાય
સીઆઈસીએડીએ
વંદો
વાણિયો
ચાંચડ
ખડમાકડી
હોર્નેટ
લેડીબગ
લાર્વા
તીડ
મન્ટિસ
મચ્છર
મોથ
ઉધઈ
ભમરી
કૃમિ

38 - Astronomy

ટ	હ	ર	◌ી	ત	◌્	સ	◌્	શ	◌ા	ળ	◌ો	ગ	ખ	◌ે	અ
વ	જ	જ	ઝ	◌ુ	◌િ	છ	ઊ	◌િ	બ	જ	શ	◌ે	ઈ	ઢ	વ
◌ં	ઊ	◌્	ત	ઝ	◌ં	ષ	ડ	◌ા	ન	◌ૃ	ળ	લ	આ	ઠ	ક
ઈ	ધ	ગ	ય	હ	ઈ	ય	ઈ	ર	◌ા	◌ા	મ	◌ે	ગ	◌િ	◌ા
◌ૌ	ક	ર	◌્	સ	◌ુ	પ	ર	ન	◌ો	વ	◌ા	ક	સ	ય	શ
અ	છ	◌્	◌ો	ર	◌ે	ઈ	◌ો	ય	આ	ઉ	◌ો	◌્	ગ	લ	ય
ત	ખ	ચ	વ	ક	હ	ક	ટ	લ	◌ી	ભ	ઘ	સ	◌ૂ	થ	◌ા
દ	ળ	◌ો	વ	◌િ	◌ે	ણ	◌્	ન	◌ૃ	હ	◌ં	◌ી	બ	ખ	ત
ચ	◌ં	દ	◌્	ર	ન	ટ	સ	મ	◌ો	સ	◌્	◌ો	ક	હ	◌્
પ	◌ૃ	થ	◌્	વ	◌ી	◌ો	એ	ન	ક	◌્	ષ	ત	◌્	ર	ર
આ	◌ૃ	ણ	ગ	◌ો	ખ	ખ	ક	◌ા	◌્	લ	ઉ	◌ૂ	ડ	◌્	◌ી
ક	◌ા	ર	◌િ	હ	◌ા	◌િ	ન	◌્	ષ	ડ	વ	◌ૂ	જ	ગ	આ
◌ા	ર	ક	મ	ર	ભ	ચ	ત	ઢ	સ	અ	◌ી	ક	ધ	પ	ય
શ	અ	◌િ	◌ૃ	◌્	◌ુ	◌ૃ	ત	◌ા	ય	ઈ	ઘ	શ	◌ં	ઉ	ધ
ઢ	થ	◌િ	◌ો	ગ	શ	ચ	વ	◌ે	ધ	શ	◌ા	ળ	◌ા	ઠ	સ
ખ	◌ૃ	વ	◌્	ર	ળ	ષ	શ	◌ો	◌ે	ગ	ફ	છ	ઊ	છ	બ

એસ્ટરોઇડ
અવકાશયાત્રી
ખગોળશાસ્ત્રી
નક્ષત્ર
કોસ્મોસ
પૃથ્વી
ગ્રહણ
ઇક્વિનોક્સ
ગેલેક્સી
ઉલ્કા
ચંદ્ર
નિહારિકા
વેધશાળા
ગ્રહ
વિકિરણ
રોકેટ
ઉપગ્રહ
આકાશ
સુપરનોવા
રાશિ

39 - Health and Wellness #2

વ	ઈ	થ	લ	ગ	લ	ટ	બ	ણ	ફ	ઝ	આ	થ	ગ	ઉ	ય
ન	ચ	◌ે	પ	◌ો	ઈ	ઢ	વ	ળ	ધ	◌ે	◌ં	સ	ણ	◌ા	ઉ
જ	◌િ	અ	◌ી	ર	હ	◌ો	છ	ન	એ	લ	ર	◌્	જ	◌ી	◌ા
વ	હ	ર	ન	ઊ	◌ા	◌ી	શ	ખ	◌િ	◌ો	◌ા	વ	◌ા	અ	ઈ
પ	આ	ઉ	◌્	વ	ગ	ટ	ઝ	ઘ	◌ુ	બ	હ	◌્	સ	◌્	ક
◌ુ	વ	◌ો	થ	જ	શ	જ	અ	આ	◌િ	થ	આ	સ	મ	ડ	વ
ન	◌ે	ય	ગ	લ	લ	હ	◌ો	સ	◌્	પ	◌િ	ટ	લ	હ	જ
◌ઃ	ધ	◌ૌ	◌ૂ	ચ	ઊ	◌ી	સ	◌ો	ઝ	◌ી	બ	◌્	હ	◌ા	◌ો
પ	◌ે	ઊ	હ	◌િ	ગ	ત	ક	જ	વ	◌િ	ટ	◌ા	મ	◌િ	ન
◌્	પ	ઉ	ઊ	ઠ	જ	◌ા	◌્	ર	ઊ	શ	◌ા	ધ	◌ી	ળ	દ
ર	આ	ળ	ઘ	મ	ગ	છ	ટ	ઈ	ણ	ષ	◌ો	પ	ટ	ડ	ક
◌ા	ખ	◌ં	ણ	◌િ	ય	ચ	◌િ	◌ી	વ	ત	◌ો	છ	◌ો	ધ	◌ે
પ	ણ	દ	ક	ધ	ગ	◌્	ન	પ	ત	ણ	◌ા	વ	◌ા	◌ો	લ
◌્	હ	ડ	ઊ	ખ	ય	વ	◌ે	◌ી	ર	ળ	ઠ	ખ	ન	ળ	ર
ત	◌્	◌ૃ	◌્	ઢ	બ	◌્	◌િ	◌ે	◌ૃ	ફ	◌ૃ	◌ં	એ	ફ	◌ી
◌િ	ભ	◌ૂ	ખ	ડ	ઉ	સ	જ	◌ે	ત	◌ો	છ	◌િ	બ	◌ો	શ

એલર્જા
એનાટોમી
ભૂખ
લોહી
કેલરી
નિર્જલીકરણ
આહાર
રોગ
ઊર્જા
જિનેટિક્સ
સ્વસ્થ
હોસ્પિટલ
સ્વચ્છતા
ચેપ
મસાજ
પોષણ
પુનઃપ્રાપ્તિ
તણાવ
વિટામિન
વજન

40 - Disease

સ	ળ	મ	◌ો	એ	લ	ર	◌્	જ	◌ી	ખ	◌ૃ	ત	હ	હ	દ
◌િ	◌િ	ક	ગ	ખ	મ	આ	◌ા	બ	ળ	ત	ર	◌ા	ળ	ણ	દ
ન	છ	◌્	ઈ	પ	◌ં	ન	ખ	ચ	ઈ	ઢ	ધ	ઈ	લ	◌ી	સ
◌્	ઉ	ઠ	ખ	ગ	ઉ	થ	◌િ	◌ૃ	પ	◌ી	◌ે	ચ	અ	◌ૃ	◌ા
ડ	ન	◌્	ય	◌ુ	ર	◌ો	પ	થ	◌ી	ઉ	ઈ	મ	◌ો	◌ં	ભ
◌્	◌ૂ	ભ	◌ૌ	◌ૂ	◌્	ષ	આ	ળ	ઢ	◌ૃ	ઘ	ફ	◌િ	◌ો	◌ં
ર	◌ૌ	◌ા	ખ	ન	ષ	બ	અ	પ	શ	ર	◌ી	ર	ઈ	◌ો	◌ુ
◌ો	ષ	◌ુ	બ	સ	◌ા	સ	ટ	ડ	◌ે	◌ૉ	ક	ય	સ	◌િ	ળ
મ	ર	◌ૉ	ઈ	વ	જ	લ	ય	ર	◌િ	ટ	◌ે	ક	◌્	◌ે	બ
આ	ર	◌ો	ગ	◌્	ય	ગ	થ	લ	ર	સ	ડ	થ	ણ	ઢ	ન
◌ી	◌ો	પ	ળ	શ	ઈ	મ	◌્	ય	◌ુ	ન	◌િ	ટ	◌ી	હ	ઢ
પ	લ	◌્	મ	◌ો	ન	ર	◌ી	◌ો	◌ૉ	◌ો	ટ	ઢ	ત	◌ો	ખ
આ	◌િ	ઘ	◌ં	હ	◌ૃ	દ	ય	ઠ	આ	◌ી	ક	પ	છ	થ	આ
આ	ન	◌ુ	વ	◌ં	શ	◌િ	ક	ન	◌િ	ર	◌ો	◌્	ક	મ	આ
વ	◌ા	ર	સ	◌ા	ગ	ત	પ	◌ે	થ	◌ો	જ	◌ે	ન	◌્	સ
ટ	ણ	◌ી	ક	ક	ચ	ઊ	હ	ભ	◌ૃ	ળ	ર	ભ	છ	◌ૂ	ળ

પેટ
એલર્જી
બેક્ટેરિયલ
શરીર
ક્રોનિક
ચેપી
આનુવંશિક
આરોગ્ય
હૃદય
વારસાગત

ઇમ્યુનિટી
બળતરા
કટિ
ન્યુરોપથી
પેથોજેન્સ
પલ્મોનરી
શ્વસન
સિન્ડ્રોમ
ઉપચાર
નબળું

41 - Time

ક	થ	પ	ક	પ	◌ા	અ	◌ૃ	મ	ડ	લ	વ	◌ો	ભ	હ	થ
◌ે	◌ં	અ	લ	◌ો	ઊ	ભ	◌ૂ	સ	હ	◌્	ચ	આ	◌ે	ઝ	ણ
લ	લ	થ	◌ા	ન	ઢ	વ	◌્	જ	ત	◌િ	વ	સ	શ	ષ	◌ુ
◌ે	દ	ન	ક	◌ૂ	મ	◌િ	ન	◌િ	ટ	સ	ન	દ	આ	ઊ	છ
ન	ઘ	◌િ	◌ા	◌ૌ	મ	ઈ	પ	ઝ	ડ	વ	બ	◌ો	ટ	ગ	છ
◌્	◌ૂ	ખ	વ	હ	અ	◌ૂ	ઢ	ત	ષ	◌ા	ળ	◌ૂ	ખ	અ	ક
ડ	ઝ	હ	ર	સ	દ	આ	જ	◌ે	◌્	ર	◌ો	પ	બ	સ	ણ
ર	બ	ઈ	◌્	ળ	સ	ભ	પ	◌્	ર	◌ા	ર	◌ં	ભ	◌િ	ક
ર	◌ા	ત	ઉ	ઝ	ક	ગ	વ	ફ	વ	હ	ડ	ધ	ઠ	પ	ષ
ઝ	હ	ત	ઈ	◌ૂ	◌ો	ષ	ફ	◌િ	ક	ત	હ	વ	◌ે	હ	◌િ
હ	જ	ઘ	ઈ	ઝ	ગ	ળ	જ	સ	ષ	◌ા	શ	સ	ઝ	◌ે	ર
ટ	◌ૂ	◌ં	ક	સ	મ	ય	મ	◌ા	◌ં	◌્	આ	દ	ક	લ	◌્
ઢ	હ	સ	પ	ર	◌ં	◌ા	આ	◌્	◌ં	પ	ય	◌ી	વ	◌ા	◌ા
ક	ત	◌ૃ	ક	◌ે	ઝ	◌િ	ફ	મ	ન	સ	ફ	ચ	ષ	◌ં	વ
ઢ	ઊ	બ	ભ	ણ	ણ	ડ	સ	◌ા	◌ો	◌ૃ	વ	ડ	ઘ	સ	ર
ત	જ	ફ	સ	◌ુ	ઊ	ઘ	ગ	◌ી	ષ	ટ	◌ી	ર	◌્	ફ	◌ા

વાર્ષિક
પહેલાં
કેલેન્ડર
સદી
ઘડિયાળ
દિવસ
દસકો
પ્રારંભિક
ભવિષ્ય
કલાક
મિનિટ
મહિનો
સવાર
રાત
બપોર
હવે
ટૂંક સમયમાં
આજે
સપ્તાહ
વર્ષ

42 - Buildings

સ	ષ	ઢ	ર	◌ો	◌ૃ	થ	ઈ	◌ુ	જ	◌ુ	થ	ભ	દ	ટ	ઘ
છ	◌્	ગ	ટ	◌ી	સ	◌િ	ર	◌્	વ	ન	◌િ	◌ુ	ય	ણ	ર
◌ા	ખ	ટ	સ	ઉ	મ	ય	ઝ	◌િ	ય	◌ુ	◌્	મ	◌ુ	ઈ	ત
ત	સ	ન	◌ે	ધ	ડ	◌ે	◌ા	ગ	ખ	ધ	ડ	ષ	ઢ	◌ો	ષ
◌્	આ	◌્	◌્	ડ	છ	ટ	ણ	ઝ	ઊ	ય	ઈ	ડ	ણ	થ	ફ
ર	ઈ	◌ે	થ	ભ	◌િ	ર	◌ી	ટ	ર	◌ે	બ	◌ો	◌ે	લ	દ
◌ા	ક	ટ	જ	દ	ણ	ય	લ	લ	ટ	પ	◌િ	સ	◌્	◌ો	હ
લ	◌ે	◌ા	ધ	ઉ	જ	છ	મ	વ	◌ે	ધ	શ	◌ા	ળ	◌ા	◌ો
ય	બ	એ	પ	◌ા	ર	◌્	ટ	મ	◌ે	ન	◌્	ટ	◌ા	ય	ટ
ય	◌િ	સ	વ	◌ા	ત	◌ા	◌ૂ	દ	અ	ડ	◌ે	ઠ	◌ા	◌ુ	◌ે
◌ૃ	ન	◌ૃ	◌િ	દ	ઈ	◌ૌ	સ	ળ	ધ	સ	◌ે	છ	શ	ખ	લ
ઢ	◌ૃ	ઉ	લ	ન	ષ	ટ	હ	◌ે	ન	ણ	ત	ઈ	અ	ગ	◌ો
◌ૂ	ત	◌ે	◌ુ	જ	◌ે	ળ	◌ા	દ	જ	લ	જ	ય	ન	◌ો	લ
ધ	હ	ભ	ઈ	ર	ત	મ	ટ	વ	વ	દ	હ	ઝ	◌્	થ	◌્
ફ	◌ે	ક	◌્	ટ	ર	◌ી	◌ા	ન	ર	◌્	◌ા	બ	ઈ	પ	◌િ
સ	◌ુ	પ	ર	મ	◌ા	ર	◌્	ક	◌ે	ટ	ઈ	ત	ઘ	ણ	ક

એપાર્ટમેન્ટ
બાર્ન
કેબિન
કિલ્લો
સિનેમા
દૂતાવાસ
ફેક્ટરી
હોસ્પિટલ
છાત્રાલય
હોટેલ
લેબોરેટરી
મ્યુઝિયમ
વેધશાળા
શાળા
સ્ટેડિયમ
સુપરમાર્કેટ
ટેન્ટ
થિયેટર
ટાવર
યુનિવર્સિટી

43 - Philanthropy

ઠ	ઢ	છ	જ	ક	◌ા	ર	◌્	ય	ક	◌્	ર	મ	◌ો	પ	◌ૌ
ભ	ગ	ઘ	◌ૌ	ફ	ણ	આ	ણ	સ	સ	ઊ	◌ૌ	ઝ	હ	ડ	થ
◌ૃ	અ	લ	થ	ઊ	ન	થ	ફ	આ	ક	◌ં	મ	મ	મ	ક	ઝ
◌ૉ	ક	◌ો	ળ	◌ા	બ	ઝ	ઘ	◌ૂ	ળ	◌ં	પ	અ	સ	◌ા	ઈ
◌ૃ	વ	ક	◌ં	ઇ	◌ૃ	ન	ડ	જ	◌ૂ	થ	◌ો	ર	ન	ર	ફ
ઝ	◌િ	◌ો	જ	◌ૃ	ત	શ	ષ	ઊ	ત	ય	ધ	◌ૂ	◌્	◌ો	ફ
ગ	શ	ર	◌્	◌્	◌ા	◌િ	આ	વ	◌ં	◌ૃ	ઉ	ર	ન	ક	ણ
ભ	◌્	ઇ	ઠ	ષ	ર	મ	હ	ત	ઠ	સ	ત	જ	◌ા	ઘ	◌ો
◌ં	◌ૈ	ન	સ	ન	◌ા	દ	ણ	◌ા	હ	ઘ	◌ુ	ઉ	ઇ	મ	ળ
ડ	વ	છ	મ	વ	દ	જ	સ	વ	સ	ર	હ	◌ે	◌ા	જ	સ
◌ો	◌ૃ	ભ	◌ુ	ચ	ઉ	◌િ	હ	ન	ઠ	અ	ગ	ચ	ફ	જ	ડ
ળ	◌ો	ઘ	દ	◌ી	◌ુ	હ	ચ	◌ા	આ	ઈ	ભ	◌ો	અ	ઠ	ય
◌ૉ	ભ	◌ુ	◌ા	ફ	આ	ગ	ભ	મ	ન	◌ા	ઘ	આ	લ	ભ	◌ુ
દ	◌ો	ઈ	ય	પ	◌્	ર	◌ા	મ	◌ા	ણ	◌િ	ક	ત	◌ા	વ
હ	ખ	આ	હ	લ	ન	અ	◌ૉ	ષ	પ	◌ં	◌ં	થ	◌્	ળ	◌ા
શ	ળ	ઈ	લ	ન	ઘ	વ	ટ	આ	ડ	ઠ	ય	હ	ખ	ખ	ક

પડકારો
બાળકો
સમુદાય
સંપર્કો
દાન
ફાઇનાન્સ
ભંડોળ
ઉદારતા
વૈશ્વિક
ગોલ
જૂથો
ઇતિહાસ
પ્રામાણિકતા
માનવતા
મિશન
જરૂર
લોકો
કાર્યક્રમો
જાહેર
યુવા

44 - Herbalism

ફ	ટ	દ	લ	થ	પ	છ	ચ	◌ો	ફ	ખ	◌ે	ન	ઉ	◌ે	ફ
ધ	પ	ફ	◌ૃ	ન	થ	મ	વ	ક	સ	ગ	લ	◌ૂ	◌િ	સ	◌ા
ભ	ન	◌ી	◌ી	દ	◌ી	ણ	સ	◌્	પ	ષ	◌ી	હ	ધ	◌ૌ	ય
અ	◌ો	આ	ધ	◌ા	ઝ	થ	અ	ઊ	ષ	◌ં	લ	◌ૃ	પ	ચ	દ
મ	ગ	ઈ	બ	◌ો	વ	◌ૌ	મ	સ	બ	ઊ	◌ા	સ	છ	ફ	◌ા
ત	◌ા	ત	◌્	વ	ણ	◌ુ	ગ	◌ુ	ઊ	ન	થ	ક	◌ૂ	◌ૂ	ક
ઘ	◌ે	ર	ડ	◌ં	વ	લ	ખ	ન	ગ	ર	◌ે	◌ે	ટ	લ	◌ા
અ	ર	ઈ	◌્	વ	◌ં	ત	ધ	◌િ	ગ	◌ં	◌ુ	સ	◌ો	ઘ	ર
બ	ઓ	હ	ઢ	જ	ર	◌ી	મ	◌ે	ઝ	◌ો	ર	ર	પ	ળ	ક
ઊ	ય	ન	ઢ	◌ે	◌ો	◌િ	હ	દ	ડ	ર	ઉ	ફ	◌્	ઠ	◌ં
ર	◌ા	◌ં	ધ	ણ	બ	ર	ય	ત	ફ	◌ા	ધ	◌ી	લ	ણ	◌ૌ
બ	◌ુ	◌ુ	ધ	સ	◌ે	◌ૃ	મ	◌ા	ષ	શ	દ	વ	◌ા	◌્	સ
ગ	હ	દ	શ	લ	સ	ર	પ	ત	ળ	◌ૃ	ઢ	સ	ન	ષ	ત
◌ી	ઠ	વ	વ	પ	◌િ	◌ં	ન	◌ો	દ	◌ી	◌ુ	ફ	◌્	◌ા	◌ૃ
ચ	◌ં	◌્	જ	◌ૌ	લ	ઉ	ઊ	જ	◌્	અ	હ	◌િ	ટ	ય	શ
◌ો	ગ	વ	ળ	પ	પ	◌ા	પ	ઉ	ટ	ધ	ગ	ધ	ખ	◌ે	થ

સુગંધિત
બેસિલ
ફાયદાકારક
રાંધણ
વરિયાળી
સ્વાદ
ફૂલ
બગીચો
લસણ
લીલા

ઘટક
લવંડર
માર્જોરમ
ફુદીનો
ઓરેગાનો
પ્લાન્ટ
ગુણવત્તા
રોઝમેરી
કેસર
ટેરેગન

45 - Vehicles

્	ભ	ઊ	ટ	જ	ભ	ો	ે	છ	ણ	ગ	ૂ	ખ	્	હ	એ
મ	ઈ	ઝ	ળ	ઘ	લ	ુ	િ	િ	અ	ઉ	ં	ૂ	િ	ે	મ
વ	સ	ક	ટ	્	ર	ક	ધ	ં	ઢ	ચ	હ	સ	શ	લ	્
ો	ઝ	ટ	ડ	ઉ	ન	ો	ા	ઘ	ળ	બ	બ	ડ	ઠ	િ	બ
ગ	ૂ	ો	થ	ળ	વ	િ	મ	ા	ન	િ	ૌ	ય	્	ક	્
સ	ા	ય	ક	લ	ક	સ	બ	વ	ે	જ	આ	ત	િ	ો	ય
બ	ન	ય	ઈ	ો	ય	ા	થ	ા	ય	ટ	િ	વ	ઠ	પ	ુ
ઈ	ઉ	ધ	ન	ઉ	્	જ	ર	ં	ં	િ	ે	ં	ૌ	્	લ
ટ	્	ર	ે	ક	્	ટ	ર	ર	ફ	ટ	ફ	ક	એ	ટ	ન
હ	ં	ટ	ફ	ી	મ	ક	ટ	ા	ો	ુ	ે	િ	્	ર	્
ો	પ	ો	ા	ર	ત	ે	ક	ક	ન	ી	ર	મ	બ	સ	સ
ડ	ો	મ	ો	ટ	ધ	ો	ૂ	ફ	ચ	પ	ી	બ	આ	ગ	ી
ી	ટ	છ	ઝ	વ	ચ	ર	્	ઘ	અ	પ	થ	ુ	થ	ત	િ
ક	ા	થ	ઠ	ણ	ફ	િ	સ	ળ	ં	ુ	દ	ન	ગ	હ	જ
ઠ	ય	ઊ	સ	આ	અ	ુ	ષ	ઘ	ખ	ક	જ	ૂ	ગ	ભ	છ
હ	ર	મ	ચ	પ	આ	સ	ુ	થ	ક	ર	ધ	ળ	ઈ	ફ	અ

વિમાન
એમ્બ્યુલન્સ
સાયકલ
હોડી
બસ
કાર
કારવાં
એંજિન
ફેરી
હેલિકોપ્ટર
મોટર
તરાપો
રોકેટ
સ્કૂટર
સબમરીન
સબવે
ટેક્સી
ટાયર
ટ્રેક્ટર
ટ્રક

46 - Health and Wellness #1

ડ	ભ	ઉ	ળ	દ	મ	ઢ	સ	અ	ત	દ	છ	ઈ	સ	સ	વ
◌િ	◌ૉ	આ	ઊ	ઓ	ય	◌ુ	ન	◌ા	◌્	સ	ર	મ	◌ા	ર	આ
બ	ળ	ક	ન	◌િ	લ	◌િ	◌્	ક	◌ૌ	◌ી	ઝ	ક	ર	ય	ઘ
જ	◌ે	પ	◌્	ટ	ધ	પ	મ	શ	ભ	મ	સ	ચ	વ	◌ા	◌ો
ત	હ	ક	◌ી	ટ	અ	◌્	◌ો	મ	◌ૂ	ર	◌ૌ	મ	◌ા	વ	દ
ધ	દ	ર	◌્	◌ૌ	ર	◌ૉ	ર	ન	ખ	◌્	ણ	ત	ર	ત	છ
ભ	જ	જ	ઉ	ટ	◌ૃ	ફ	◌્	ઈ	ચ	◌ા	◌ં	ઊ	ટ	લ	ઉ
મ	◌ૌ	મ	ણ	ઝ	◌ે	બ	◌ો	ક	◌ા	ફ	ક	◌ૌ	ય	ઈ	ખ
છ	ઝ	ઉ	ઢ	ત	હ	ર	હ	અ	ચ	પ	ખ	થ	ત	◌ો	◌િ
ધ	લ	◌ં	◌ૉ	◌ા	ડ	છ	◌િ	ણ	ણ	◌ૌ	વ	ટ	◌ા	ઈ	વ
ન	બ	◌ૉ	ખ	◌ૃ	મ	પ	ઘ	ય	ર	◌િ	◌્	ક	સ	ત	ઝ
અ	સ	◌્	થ	◌િ	ભ	◌ં	ગ	ચ	◌ા	વ	◌્	ત	ગ	ઝ	ક
ર	◌ી	ફ	◌્	લ	◌ે	ક	◌્	સ	ચ	જ	મ	દ	ઊ	હ	◌ી
ત	લ	હ	ઠ	ચ	◌ે	ત	◌ા	ઠ	પ	ઊ	ઈ	આ	વ	ષ	છ
ધ	ર	ત	ષ	ઈ	◌્	◌ે	ઈ	ચ	ઉ	ન	◌િ	ય	લ	ઠ	ભ
લ	◌ૃ	ગ	ર	◌ં	ગ	લ	જ	◌ો	◌ૌ	◌ી	ઠ	ન	ત	◌ી	ટ

સક્રિય
બેક્ટેરિયા
ક્લિનિક
ડૉક્ટર
અસ્થિભંગ
આદત
ઊંચાઈ
હૉર્મોન્સ
ભૂખ
ઈજા
દવા
સ્નાયુઓ
ચેતા
ફાર્મસી
રીફ્લેક્સ
આરામ
ત્વચા
ઉપચાર
સારવાર
વાયરસ

47 - Town

◌ૌ	મ	ઘ	◌ુ	મ	સ	◌ુ	પ	ર	મ	◌ા	ર	◌્	ક	◌ે	ટ
થ	◌ા	◌ૉ	ટ	સ	◌્	ર	◌િ	લ	◌ો	◌્	ફ	◌્	દ	◌્	ઢ
ટ	ન	ઈ	દ	પ	શ	ય	એ	ર	પ	◌ો	ર	◌્	ટ	ય	◌્
હ	◌ે	હ	◌ો	ટ	◌ે	લ	◌ુ	સ	◌્	ટ	◌ે	ડ	◌િ	ય	મ
થ	◌િ	ય	◌ે	ટ	ર	ઈ	ટ	ઝ	ઢ	ન	થ	બ	હ	ર	ગ
ય	સ	સ	◌ં	લ	◌ી	ડ	ડ	આ	◌િ	ઝ	ઉ	◌િ	ઠ	છ	◌ે
લ	◌ુ	◌ે	ઉ	થ	ક	સ	◌િ	થ	ષ	ય	ટ	◌ં	પ	દ	લ
ક	ક	ન	ળ	દ	◌ે	બ	જ	◌ા	ર	◌ો	મ	શ	થ	દ	◌ે
◌ા	◌્	ક	◌િ	આ	બ	ફ	◌ા	ર	◌્	મ	સ	◌ી	◌ા	ઢ	ર
ત	લ	◌ા	ડ	વ	◌ૉ	દ	હ	ભ	ઝ	ઉ	સ	લ	બ	ળ	◌ી
સ	◌િ	◌ુ	ગ	ભ	ર	ટ	◌ો	સ	◌્	ક	◌ુ	બ	◌ે	વ	◌ા
◌્	ન	દ	ખ	ધ	ટ	◌્	ઘ	ધ	શ	ઝ	સ	◌ૂ	◌ં	બ	પ
◌ુ	◌િ	ઊ	◌ૃ	ર	◌ૌ	ટ	સ	ખ	લ	◌ૂ	◌ૃ	ધ	ક	◌ૂ	◌ી
પ	ક	◌ે	ઉ	ધ	ઠ	◌ી	બ	◌િ	ધ	◌ુ	ચ	આ	◌િ	સ	◌ૌ
મ	◌ુ	ઝ	જ	બ	◌્	◌ો	◌િ	લ	ટ	◌ૉ	ફ	◌ં	ઉ	◌ૂ	લ
ટ	પ	◌ૂ	◌ો	◌ૉ	◌ં	ઊ	શ	ય	◌ે	◌ી	ઘ	ટ	ક	ઉ	ઠ

એરપોર્ટ
બેકરી
બેંક
બુકસ્ટોર
સિનેમા
ક્લિનિક
ફ્લોરિસ્ટ
ગેલેરી
હોટેલ
પુસ્તકાલય
બજાર
મ્યુઝિયમ
ફાર્મસી
શાળા
સ્ટેડિયમ
દુકાન
સુપરમાર્કેટ
થિયેટર
યુનિવર્સિટી
ઝૂ

48 - Antarctica

વ	◌ા	દ	ળ	◌ો	ટ	ઈ	ઈ	ણ	અ	ડ	જ	◌ુ	ખ	ઝ	ધ
ગ	ત	◌ં	ર	ત	ળ	◌ા	◌ં	થ	◌્	સ	મ	◌ં	◌ા	હ	છ
◌્	◌ા	ખ	પ	◌ૂ	વ	ખ	પ	લ	◌્	ક	પ	વ	◌ી	◌્	દ
લ	પ	◌ં	ક	ગ	ધ	◌ુ	◌ં	◌ુ	◌ા	◌ુ	ત	ણ	ચ	પ	આ
◌ે	મ	ડ	◌્	અ	ય	ઢ	હ	હ	ઓ	ઝ	ઢ	ષ	ન	◌ા	ય
શ	◌ા	ઝ	ષ	વ	◌ૈ	જ	◌્	ઞ	◌ા	ન	◌િ	ક	ઉ	બ	થ
◌િ	ન	ન	◌ી	પ	◌ા	ણ	◌ી	◌ે	ઈ	ય	ઉ	◌્	મ	આ	ધ
ય	મ	છ	ઓ	◌ં	ફ	ર	બ	સ	ચ	◌ા	ભ	ર	◌ો	◌ં	મ
ર	ફ	લ	હ	◌ે	◌્	વ	ધ	દ	◌ૃ	◌િ	ડ	◌ં	ઝ	સ	થ
◌્	થ	ડ	લ	ક	ર	ય	દ	ળ	ગ	ભ	◌ો	સ	દ	ચ	ષ
સ	ત	ધ	લ	ધ	શ	◌ા	છ	ચ	◌ુ	અ	ધ	ખ	◌ો	ર	ફ
◌ૌ	દ	ત	ક	શ	વ	◌્	ડ	આ	ગ	ન	◌ે	અ	◌ા	થ	ળ
ષ	શ	ન	ઊ	◌ો	ફ	ર	ચ	ઢ	◌ૂ	ત	મ	ઝ	ત	ડ	◌ં
ન	◌ી	◌ં	બ	◌ં	વ	પ	ભ	◌ૂ	ગ	◌ો	ળ	ક	ઝ	ણ	◌ી
ભ	હ	ર	ખ	સ	ઠ	ટ	ધ	દ	મ	ગ	ણ	◌ૃ	મ	હ	◌ો
પ	ર	ડ	ઢ	ન	અ	◌ં	ઝ	ણ	◌્	પ	ભ	ર	◌ો	ક	◌ી

ખાડીં
પક્ષીઓ
વાદળો
સંરક્ષણ
ખંડ
કોવ
પર્યાવરણ
અભિયાન
ભૂગોળ
ગ્લેશિયર્સ

બરફ
ટાપુઓ
સ્થળાંતર
દ્વીપકલ્પ
સંશોધક
રોકી
વૈજ્ઞાનિક
તાપમાન
પાણી
વ્હેલ

49 - Ballet

ઘ	છ	ફ	ઘ	ં	લ	બ	દ	થ	ખ	ત	ન	ન	ફ	ર	અ
બ	ે	લ	ે	ર	િ	ન	ા	આ	ુ	ી	ૃ	ધ	ફ	લ	અ
ક	ગ	્	ર	ે	સ	ફ	ુ	લ	ઈ	વ	ત	ભ	ી	ે	ઓ
આ	ૌ	મ	જ	ઢ	ઊ	દ	ગ	ઈ	અ	્	્	પ	ર	છ	ર
છ	પ	શ	મ	ક	ણ	ષ	વ	ટ	ભ	ર	ય	ક	ા	ભ	્
ણ	અ	ો	લ	ચ	ગ	ુ	ક	છ	િ	ત	ા	લ	ગ	ઠ	ક
લ	ક	ષ	ક	્	ર	ે	્	પ	વ	ા	ં	ા	્	ચ	ે
ઝ	ય	અ	ો	ઓ	ય	ુ	ન	ા	્	સ	ગ	ત	ય	ગ	સ
બ	ર	ભ	શ	ૈ	લ	ી	થ	ઉ	ય	ડ	ન	્	ો	બ	્
સ	ટ	િ	ક	્	ર	ે	્	પ	ક	હ	ા	મ	ર	બ	ટ
સ	ી	વ	ધ	ન	હ	છ	ઢ	ટ	્	ા	ઓ	ક	િ	ફ	્
ર	ક	ા	ત	ગ	ી	ં	સ	ે	ત	વ	ભ	આ	ો	ે	ર
ૌ	ઉ	દ	ગ	અ	ઠ	િ	ર	ક	ો	ભ	ઘ	ઠ	ક	ઢ	ા
ઉ	જ	ન	ી	ષ	ૌ	ૂ	િ	ન	ઊ	ા	ઢ	હ	ય	ો	ઈ
ફ	ા	ઈ	ં	ઈ	ઈ	ણ	હ	િ	ા	વ	ઢ	લ	ડ	ટ	ભ
ઠ	બ	ણ	સ	થ	ભ	ો	ખ	ક	શ	ઈ	બ	ૂ	ઢ	આ	ઈ

અભિવાદન
કલાત્મક
પ્રેક્ષક
બેલેરિના
કોરિયોગ્રાફી
સંગીતકાર
નૃત્યાંગનાઓ
અભિવ્યક્ત
હાવભાવ
ગ્રેસફુલ
તીવ્રતા
પાઠ
સ્નાયુઓ
સંગીત
ઓર્કેસ્ટ્રા
પ્રેક્ટિસ
લય
કૌશલ્ય
શૈલી
ટેકનિક

50 - Human Body

ભ	સ	હ	અ	ભ	ક	હ	મ	◌ો	◌ં	ઘ	ઉ	ઝ	ફ	ષ	ઉ
ઈ	હ	દ	છ	ટ	ત	◌ી	◌ે	ભ	જ	◌ો	લ	ટ	ળ	◌ો	◌ી
ફ	◌્	ય	દ	◌ૃ	હ	◌ો	ઢ	ખ	ડ	ગ	ળ	ઘ	હ	ત	ણ
ઢ	ઝ	◌ે	◌્	ગ	◌ે	લ	હ	અ	બ	ઝ	મ	ડ	ભ	◌ુ	ઈ
જ	ઠ	પ	◌ો	અ	ડ	ઈ	ણ	◌ા	◌ા	ય	ઉ	◌ં	બ	◌ે	ગ
પ	ગ	ન	◌ી	ઘ	◌ૂ	◌ં	ટ	◌ી	થ	ન	જ	ઝ	◌ી	ગ	◌િ
પ	ત	ળ	◌ી	ગ	◌ં	આ	◌ં	ઝ	ન	અ	ન	આ	ખ	◌ી	ન
ળ	દ	ઈ	ણ	ચ	દ	ડ	◌ૂ	ષ	ક	◌ૂ	◌ી	◌ં	ગ	ઝ	ય
◌ે	◌ૃ	ચ	◌ી	ન	ડ	◌ં	ઘ	ફ	ટ	◌ી	લ	ઈ	ભ	ણ	◌ૃ
ગ	ક	◌ૌ	◌ો	◌ો	◌્	ર	પ	◌ૃ	ત	◌્	વ	ચ	◌ા	ફ	ઘ
ઈ	ટ	બ	ક	◌ી	ળ	પ	પ	ષ	શ	ખ	છ	ગ	ત	ઘ	થ
હ	જ	◌ો	◌ા	◌ૂ	લ	સ	◌ૂ	ડ	સ	ઉ	ઊ	ચ	ળ	ઈ	◌ં
◌ો	ણ	ન	ન	◌ૃ	ઈ	◌ૌ	ડ	◌ં	◌ો	ગ	ઉ	◌ી	લ	ડ	છ
ઠ	ડ	ળ	દ	ઘ	◌્	◌ૌ	ભ	શ	◌ા	◌ે	◌ો	◌ી	ફ	ક	ષ
◌ા	ઈ	શ	ર	◌્	હ	દ	ચ	ઘ	◌ો	◌ા	અ	બ	◌ે	◌ા	◌ૌ
◌ો	ઝ	◌્	ગ	થ	ઠ	ત	ય	ઝ	ત	ઊ	આ	◌્	સ	◌ુ	ડ

પગની ઘૂંટી
લોહી
મગજ
ચીન
કાન
કોણી
ફેસ
આંગળી
હાથ
હેડ
હૃદય
જડબા
ઘૂંટણ
લેગ
હોઠ
મોં
ગરદન
નાક
ખભો
ત્વચા

51 - Musical Instruments

જ	ફ	ત	ઠ	થ	ટ	ઢ	◌િ	ઉ	પ	◌ો	ફ	શ	ઢ	◌ુ	મ
બ	ટ	લ	બ	ઠ	ઘ	ઘ	ણ	જ	શ	ફ	બ	મ	ઢ	ળ	બ
◌્	ન	◌્	પ	દ	શ	◌ં	ઝ	ઝ	ષ	◌્	ભ	ધ	ઉ	ન	ઈ
ડ	◌ે	ઘ	ર	લ	બ	ફ	ન	ઢ	ડ	◌ે	ચ	ત	ઝ	શ	ફ
◌ૌ	ર	જ	◌્	◌ો	◌ા	ક	જ	ણ	હ	વ	◌ો	મ	ક	ય	◌ૃ
દ	◌ી	ડ	◌ા	◌ે	મ	બ	◌ા	સ	◌ૂ	ન	ર	◌ે	ઘ	◌ુ	ખ
ર	લ	આ	હ	સ	◌્	◌્	ગ	◌િ	ટ	◌ા	ર	ન	ઝ	ક	◌ા
◌ુ	◌ે	વ	મ	મ	ર	જ	બ	ટ	પ	◌ે	મ	◌્	ર	◌્	ટ
ખ	◌્	જ	◌ૂ	◌્	◌િ	ગ	◌ં	◌ો	ગ	હ	શ	ડ	શ	◌્	વ
ઉ	ક	ર	બ	ઈ	◌ા	ન	ટ	ઠ	ન	અ	આ	◌ો	ડ	ર	◌ા
◌ી	ઢ	◌ો	◌ે	◌ા	મ	પ	◌િ	ય	◌ા	ન	◌ો	લ	◌્	પ	ય
ખ	◌ો	ત	ન	ચ	આ	ય	ઓ	બ	◌ી	ઓ	ઈ	◌ી	ર	ક	◌ો
◌ા	◌ુ	ય	◌્	વ	◌ા	◌ં	સ	ળ	◌ી	ગ	ચ	ન	મ	ટ	લ
◌િ	◌ૂ	ઊ	જ	ખ	◌ં	જ	ર	◌ી	જ	ટ	ઘ	◌ી	પ	આ	◌િ
ઘ	ન	ફ	◌ો	સ	◌ો	ક	◌્	◌ે	સ	ઈ	હ	ય	ર	સ	ન
ગ	◌ૃ	◌ં	◌ૃ	ચ	◌ૌ	◌િ	ટ	ઉ	ઠ	ઝ	◌ં	ઈ	હ	સ	ઠ

બેન્જો
બાસૂન
સેલો
ચાઇમ્સ
ક્લેરીનેટ
ડ્રમ
વાંસળી
ગોંગ
ગિટાર
હાર્પ
મેન્ડોલીન
મારિમ્બા
ઓબીઓઈ
પર્ક્યુશન
પિયાનો
સેક્સોફોન
ખંજરી
ટ્રોમ્બોન
ટ્રમ્પેટ
વાયોલિન

52 - Fruit

ક	ણ	ગ	મ	બ	◌ુ	◌ં	◌ી	લ	ફ	શ	જ	ળ	◌ો	હ	ત
સ	◌ો	◌ો	બ	ર	ન	ય	ઈ	ઈ	◌ા	◌ી	ળ	◌ૌ	ઢ	ડ	ર
ફ	◌ો	સ	ડ	◌ો	ક	◌ા	◌ો	વ	એ	◌્	◌ુ	ઢ	ક	◌ા	બ
ર	◌ી	બ	સ	◌ા	ર	◌ૈ	ન	દ	◌્	ર	◌ા	ક	◌્	ષ	◌ૂ
જ	પ	◌્	◌ા	ત	ઊ	પ	અ	◌ા	◌ૂ	મ	દ	◌ૃ	દ	ઠ	ચ
ન	આ	છ	ઈ	◌ી	થ	પ	ન	◌ા	◌ી	ચ	ર	◌ા	બ	બ	◌ી
ષ	મ	ળ	ઢ	◌ો	ઊ	◌ી	◌ે	ગ	◌ં	◌ં	જ	શ	◌ં	ન	ઝ
બ	ચ	ણ	◌ે	શ	ઊ	ગ	ન	ઠ	◌્	આ	ફ	પ	ગ	◌ે	દ
ઉ	◌ે	ણ	ભ	ળ	ફ	મ	◌ા	જ	ય	ળ	ડ	ભ	ઈ	ક	ક
વ	◌ો	ર	વ	ઠ	બ	◌ા	સ	ળ	ન	ખ	બ	થ	સ	◌્	ધ
ગ	◌ો	ચ	◌ી	પ	ગ	◌ં	ન	મ	શ	છ	ગ	જ	ળ	ટ	ડ
પ	◌ૂ	◌િ	◌િ	ષ	◌ી	ભ	અ	ટ	ડ	ક	છ	થ	ઝ	◌ે	બ
◌ો	◌િ	ટ	ક	ટ	ઢ	ગ	◌ં	ળ	થ	◌ે	◌ં	ત	ઘ	ર	ળ
દ	ડ	અ	ફ	ક	છ	ઝ	જ	છ	સ	ર	◌ી	◌ે	ચ	◌િ	ઊ
ટ	ળ	◌ં	ર	ઈ	◌િ	◌ૂ	◌ી	ઠ	ગ	◌ી	ર	◌ં	◌ા	ન	ષ
થ	◌ે	ધ	ઠ	ળ	ય	ઈ	ર	◌ૌ	◌ૂ	◌ં	સ	આ	લ	ય	◌ુ

સફરજન
જરદાળુ
એવોકાડો
બનાના
બેરી
ચેરી
અંજીર
દ્રાક્ષ
જામફળ
કિવી
લીંબુ
કેરી
તરબૂચ
નેક્ટેરિન
નારંગી
પપૈયા
પીચ
પિઅર
અનેનાસ
રાસબરી

53 - Virtues #1

ડ	વ	લ	ક	ઉ	વ	િ	શ	્	વ	સ	ન	ી	ય	દ	સ
ક	ો	ં	લ	ળ	દ	ફ	ઠ	જ	ઊ	ત	ઠ	ભ	મ	ર	્
હ	ા	ફ	ા	ા	્	ા	ભ	ત	સ	છ	ણ	ઝ	ો	્	વ
ક	લ	હ	ત	ો	વ	ો	ર	ૃ	સ	વ	ં	પ	ડ	દ	ત
મ	ર	ત	્	ચ	િ	િ	વ	આ	િ	સ	ા	ફ	ે	ી	ં
બ	દ	દ	મ	ષ	ક	્	ય	ર	્	ા	ક	શ	સ	ૌ	ત
ુ	મ	દ	ક	ઉ	હ	ન	ો	ુ	ર	ા	ઊ	આ	્	ગ	્
દ	જ	ં	ર	ર	ો	િ	્	હ	ચ	ધ	ય	ક	ટ	િ	ર
્	ો	જ	ી	ૂ	મ	ર	ય	ા	દ	ો	પ	ૃ	ઊ	હ	વ
ધ	જ	મ	શ	ચ	પ	્	ષ	વ	ઠ	ં	ે	ૌ	ઊ	વ	ં
િ	સ	ૃ	વ	ત	જ	ણ	ષ	ય	થ	ો	ૃ	છ	્	ૃ	ત
શ	ા	થ	વ	ગ	હ	ા	જ	્	અ	ૌ	ત	ષ	ણ	ણ	ૃ
ા	ર	શ	ધ	ન	ઈ	ય	ધ	વ	ષ	ય	પ	્	ર	ખ	ર
ળ	ુ	ડ	થ	િ	ર	ક	ક	લ	્	પ	ન	ા	શ	ી	લ
ી	ં	ળ	સ	પ	ષ	ૃ	ન	ભ	થ	ઝ	ૃ	છ	ખ	ૂ	ળ
ઊ	ઈ	થ	સ	ઢ	ન	ઈ	દ	પ	ૃ	થ	દ	ે	ૃ	ણ	ૌ

કલાત્મક
મોહક
સાફ
વિશ્વાસ
વિચિત્ર
નિર્ણાયક
કાર્યક્ષમ
રમૂજી
ઉદાર
સારું
મદદરૂપ
કલ્પનાશીલ
સ્વતંત્ર
બુદ્ધિશાળી
મૉડેસ્ટ
પ્રખર
દર્દી
વ્યવહારુ
વિશ્વસનીય

54 - Engineering

ફ	ૃ	ગ	ી	ત	ઝ	હ	ક	ો	ણ	ુ	ઈ	ડ	હ	ન	આ
બ	્	ત	બ	ણ	ત	ક	ય	ધ	ર	ઈ	પ	ો	ી	શ	સ
ચ	ઘ	બ	ા	ં	ધ	ક	ા	મ	ત	ખ	ઝ	મ	વ	લ	ળ
દ	ે	હ	્	ર	ા	ૂ	બ	િ	િ	ઈ	ૌ	િ	ા	્	ઘ
ૂ	પ	થ	ૂ	ર	થ	ુ	ૂ	શ	વ	વ	ળ	ર	ર	પ	ફ
ી	લ	ં	ખ	ં	ૂ	િ	દ	ી	છ	પ	દ	પ	્	ર	ઈ
બ	ઈ	ે	ુ	મ	પ	છ	્	ચ	શ	ં	ષ	અ	પ	ો	ઘ
ણ	બ	ઈ	ં	ો	ઊ	વ	ફ	સ	ધ	િ	ચ	આ	ઠ	્	ફ
ં	હ	ધ	ળ	હ	ો	ઘ	સ	પ	શ	ી	ઈ	બ	આ	પ	ઈ
ઊ	ં	ડ	ા	ઈ	સ	ય	ા	્	વ	ળ	ઊ	ર	્	જ	ા
્	દ	ો	મ	ટ	ધ	ર	ી	ર	ત	ણ	ગ	ડ	ટ	ં	આ
ડ	ો	ઠ	ઘ	ઈ	ઊ	વ	્	ઠ	ન	ક	ન	ી	ખ	ઠ	ક
મ	શ	ી	ન	ં	જ	ી	ઉ	ય	જ	વ	અ	ઝ	મ	બ	ૃ
ષ	જ	ઢ	્	્	ે	લ	ઘ	ા	િ	ઈ	ઊ	લ	ૂ	જ	ત
ા	િ	ઈ	ો	ણ	ષ	ઊ	લ	ન	ં	ગ	મ	ો	ટ	ર	િ
ર	લ	ભ	િ	આ	ણ	ં	ૃ	આ	એ	ફ	ગ	ી	ઢ	ઈ	ઢ

કોણ
ધરી
ગણતરી
બાંધકામ
ઊંડાઈ
આકૃતિ
વ્યાસ
ડીઝલ
વિતરણ
ઊર્જા
એંજિન
ગિયર્સ
લીવર
પ્રવાહી
મશીન
માપ
મોટર
પ્રોપલ્શન
સ્થિરતા
માળખું

55 - Kitchen

ચ	◌ા	વ	લ	ટ	◌ે	ક	બ	ઓ	◌ી	ર	છ	વ	ઓ	શ	◌ો
ટ	◌ો	◌ં	◌ા	ક	◌ો	◌ી	◌ા	ઉ	ચ	◌ે	ઝ	થ	વ	ઢ	થ
ચ	વ	પ	◌ા	ઝ	◌ૃ	ળ	ઉ	ક	મ	ફ	પ	ર	ન	ય	◌ં
◌ા	ફ	ક	સ	◌િ	ષ	◌િ	લ	ડ	ચ	◌્	◌ૃ	ટ	◌ી	ય	બ
ઉ	◌ા	◌ે	મ	◌્	◌િ	ન	ઉ	છ	જ	ર	ગ	પ	◌્	◌્	અ
આ	ખ	શ	ડ	ઈ	ટ	ક	આ	◌ો	ર	◌િ	જ	ફ	આ	ટ	ફ
◌ૂ	ઘ	◌ા	બ	◌ો	જ	◌િ	ચ	ચ	શ	જ	◌ા	ઝ	ચ	ઠ	◌ી
છ	ઠ	ઢ	ત	ય	ઠ	પ	ક	ત	ફ	ર	ર	◌ો	◌ે	ય	ચ
હ	ધ	પ	◌ી	સ	◌ી	◌ે	ર	◌્	ન	◌ે	સ	ઈ	◌ુ	ઈ	◌ુ
ણ	ગ	લ	◌ૃ	◌ૃ	ઘ	ન	◌ા	ર	સ	ટ	ડ	ટ	ઈ	ન	◌્
ન	◌ૂ	◌ા	અ	ણ	ફ	◌ા	◌ો	ળ	લ	ર	◌ી	◌્	ગ	ઊ	પ
ધ	આ	ફ	◌ુ	ક	ષ	◌ં	ખ	◌ો	વ	ષ	થ	◌ૃ	ઈ	◌િ	આ
ષ	પ	ય	ષ	◌ી	◌િ	ન	ભ	ન	ન	ઈ	ઈ	ઝ	ખ	ઘ	લ
થ	આ	ણ	સ	◌્	પ	◌ો	ન	◌્	જ	છ	આ	ઈ	ણ	ભ	◌ે
ટ	◌ૃ	◌ી	બ	◌િ	સ	◌ી	◌િ	ક	ઈ	ઈ	ઊ	ઉ	જ	ધ	જ
ઉ	લ	◌ા	ળ	હ	◌ૌ	ચ	વ	◌ુ	ઘ	બ	ઠ	◌ો	પ	બ	ઝ

પટ્ટાં
બાઉલ
ચોપસ્ટિક્સ
કપ
ખોરાક
કાંટો
ફ્રીઝર
ગ્રીલ
જાર
જગ
કેટલ
છરીઓ
કડછો
નેપકિન
ઓવન
રેસીપી
રેફ્રિજરેટર
મસાલા
સ્પોન્જ
ચમચી

56 - Government

સ	સ	ષ	વ	◌ી	ફ	◌ૌ	ણ	ચ	◌ૉ	વ	ઢ	બ	ર	ઈ	મ
◌િ	◌્	થ	ન	છ	બ	ળ	ર	ર	ડ	લ	ધ	ત	◌ા	◌ે	ન
વ	મ	ગ	ક	ઝ	ક	પ	ધ	◌્	ક	બ	ઈ	હ	ષ	લ	ટ
◌િ	◌ા	◌ુ	ઈ	◌ં	અ	◌ા	◌ા	ચ	ર	◌ા	◌ુ	◌ી	◌્	◌ૂ	ઢ
લ	ર	શ	ધ	ઠ	ઈ	◌ે	◌ં	◌ા	◌ે	◌ો	જ	શ	ટ	◌ે	◌ૂ
શ	ક	ઉ	મ	ખ	◌ૉ	ય	બ	ક	ય	◌િ	ય	◌ા	◌્	ન	ન
◌ા	સ	ટ	ઝ	વ	ષ	ય	ઊ	છ	મ	સ	ઈ	ક	ર	જ	◌ા
◌ં	◌્	◌ી	◌ૂ	સ	◌ી	ફ	હ	◌ૉ	◌ુ	ન	ડ	◌ો	◌ા	ઈ	ગ
ત	વ	થ	ત	અ	લ	ભ	◌ા	ષ	ણ	ઢ	◌્	લ	ય	ડ	ર
◌િ	ત	ક	◌ા	ય	દ	◌ો	ભ	ઈ	આ	◌િ	◌ૉ	ય	ઉ	સ	◌િ
પ	◌ં	પ	ન	◌ૌ	◌ા	મ	લ	ક	સ	થ	◌ુ	◌ા	◌ા	ઈ	ક
◌ૂ	ત	◌્	◌ા	ટ	ટ	◌ી	ર	◌્	બ	◌િ	લ	ષ	અ	ય	ત
ર	◌્	ર	મ	ય	ક	અ	મ	ઝ	◌િ	ર	◌ા	જ	◌્	ય	◌ા
◌્	ર	ત	સ	◌ો	ક	◌્	વ	વ	ઈ	જ	હ	ઊ	ઘ	મ	ઝ
ણ	ત	◌ી	◌ુ	ઈ	લ	અ	દ	દ	દ	ત	ઈ	◌િ	ઝ	◌ૌ	ક
પ	◌ા	ક	◌ૂ	◌ો	ષ	મ	પ	◌ુ	ર	◌ો	◌િ	ડ	ફ	અ	◌ે

નાગરિકતા
સિવિલ
બંધારણ
લોકશાહી
ચર્ચા
જિલ્લો
સમાનતા
સ્વતંત્રતા
ન્યાયિક
ન્યાય
કાયદો
નેતા
લિબર્ટી
સ્મારક
રાષ્ટ્ર
શાંતિપૂર્ણ
રાજકારણ
ભાષણ
રાજ્ય
પ્રતીક

57 - Art Supplies

ર	વ	વ	ખ	આ	વ	ભ	પ	◌િ	◌ુ	◌ો	અ	ડ	ળ	ન	ઈ
ત	લ	ઈ	◌ુ	ભ	ઢ	◌િ	◌િ	થ	ર	◌ૌ	ભ	ક	અ	સ	ઈ
ઈ	◌ે	થ	ર	◌ુ	ડ	આ	ચ	◌ુ	છ	ર	ટ	ત	છ	પ	ય
ઝ	થ	લ	શ	ધ	ક	ઈ	સ	◌ા	ચ	ળ	ગ	◌ા	ક	◌ે	◌ા
◌િ	◌િ	ણ	◌ી	◌ા	પ	ક	લ	◌િ	ર	◌ે	◌્	ક	એ	ઈ	ક
પ	◌ે	ન	◌્	સ	◌િ	લ	◌્	થ	◌ા	◌ો	◌ુ	મ	ડ	ન	◌ો
ય	ટ	◌ી	◌ા	મ	ઈ	બ	ટ	ય	મ	ગ	થ	ત	ધ	◌્	ઈ
જ	◌ે	ઝ	◌ૌ	મ	સ	વ	સ	વ	◌ે	◌િ	ઠ	◌્	◌ો	ટ	અ
◌ૃ	બ	ણ	ઈ	◌ં	ર	◌્	◌્	ષ	◌ે	◌ૃ	શ	ન	◌ે	ધ	આ
◌િ	લ	હ	◌ૌ	લ	◌્	ભ	◌ે	લ	ક	◌ો	ર	◌ા	ચ	લ	લ
ઢ	ઠ	◌ૌ	હ	ઈ	લ	ણ	પ	થ	છ	ય	◌્	જ	હ	શ	◌ો
ઈ	◌ં	પ	◌ે	ડ	ક	◌િ	ટ	ગ	ઢ	ક	બ	◌્	◌ુ	◌ી	ઝ
◌ા	વ	ર	◌ં	શ	ર	દ	◌ં	◌ુ	ગ	◌ો	◌ં	ર	સ	◌ૂ	છ
ન	ખ	◌ો	ક	પ	ટ	ડ	ણ	ફ	લ	એ	ઈ	સ	એ	ઈ	પ
ઝ	ભ	ચ	◌ો	ચ	◌ો	જ	ચ	આ	ઢ	જ	જ	ઉ	ફ	ય	◌ે
◌ી	◌ો	◌ો	◌ં	◌ો	વ	હ	ઈ	ત	ટ	◌ૃ	વ	ભ	ઈ	ભ	◌ે

અક્રેલિક
બ્રશ
કેમેરા
ખુરશી
ચારકોલ
માટી
રંગો
સર્જનાત્મકતા
ઇએસઈએલ
ગુંદર
વિચારો
શાહી
તેલ
પેઇન્ટ
કાગળ
પેસ્ટલ્સ
પેન્સિલ
ટેબલ
પાણી
વોટરકલર્સ

58 - Science Fiction

ઓ	ર	◌ે	ક	લ	આ	ગ	ગ	◌ો	અ	દ	ર	વ	◌ા	ભ	ય
લ	◌ો	જ	◌ે	જ	ફ	ગ	ખ	ણ	ઊ	◌િ	◌ો	◌િ	ધ	વ	ફ
ડ	ખ	સ	ટ	ફ	◌ો	સ	◌્	◌િ	વ	ઢ	બ	ચ	ખ	◌િ	છ
ઊ	◌ા	◌ૂ	ર	પ	◌ો	ચ	મ	ર	◌્	ભ	◌ો	◌િ	◌્	ષ	ટ
◌ુ	થ	ય	બ	ઈ	ણ	◌ૃ	◌ા	◌ૃ	હ	◌ા	ટ	ત	જ	◌્	ટ
છ	ઈ	વ	સ	શ	પ	ઝ	ન	ઢ	◌ી	ભ	◌્	◌્	ઘ	ય	◌ૂ
હ	ન	ત	ણ	◌્	◌ો	ભ	◌ે	ખ	ગ	ય	સ	ર	ષ	વ	◌ૃ
ઝ	ચ	ઢ	ળ	દ	ટ	ન	◌િ	ધ	બ	◌્	અ	ણ	◌ુ	◌ા	પ
◌ો	છ	◌ં	ખ	◌ુ	◌ૂ	◌ો	સ	હ	હ	શ	◌ૂ	◌ો	ટ	દ	◌ુ
ર	◌્	ઉ	◌્	ચ	હ	ર	પ	દ	લ	ત	ર	ય	વ	◌ી	સ
ગ	◌ે	લ	◌ે	ક	◌્	સ	◌ી	◌િ	◌ૃ	ગ	હ	◌ા	◌િ	ય	◌્
ય	◌ુ	ટ	◌ો	પ	◌િ	ય	◌ા	ર	ય	◌ં	સ	સ	શ	ઈ	ત
ક	◌ા	લ	◌્	પ	ન	◌િ	ક	◌ા	ઊ	◌ા	◌્	ર	◌્	◌ી	ક
ટ	◌ે	ક	ન	◌ો	લ	◌ો	જ	◌ી	ણ	હ	ય	◌ં	વ	◌ૃ	◌ો
ઢ	ઉ	◌ં	શ	◌ૃ	◌ુ	ઝ	◌ં	◌િ	◌ી	થ	મ	ળ	લ	ધ	હ
ણ	ધ	◌ૌ	◌િ	પ	ખ	ય	ઉ	◌ો	લ	ઘ	ય	◌િ	ન	છ	ષ

અણુ
પુસ્તકો
રસાયણો
સિનેમા
દૂર
ડાયસ્ટોપિયા
વિસ્ફોટ
વિચિત્ર
આગ
ભવિષ્યવાદી
ગેલેક્સી
ભ્રમ
કાલ્પનિક
રહસ્યમય
ઓરેકલ
ગ્રહ
રોબોટ્સ
ટેકનોલોજી
યુટોપિયા
વિશ્વ

59 - Geometry

ચ	સ	◌ી	સ	◌ં	ઘ	◌ો	સ	ળ	ન	ભ	ટ	થ	ઈ	થ	ઉ
બ	મ	◌ા	ઉ	જ	ધ	ઠ	આ	ય	◌્	◌ા	ન	◌ી	ચ	◌્	◌્
ઈ	પ	વ	મ	ઈ	ગ	આ	છ	ધ	દ	વ	◌્	ય	◌ા	સ	ષ
શ	◌્	◌ૃ	ળ	◌ા	બ	ડ	ક	◌ો	ણ	◌ો	મ	◌્	◌ં	પ	દ
ભ	ર	જ	જ	◌ા	◌િ	◌ુ	◌્	ઝ	બ	ળ	◌ે	ધ	ઊ	હ	સ
ભ	મ	◌ી	છ	ય	◌ં	◌ં	ર	ફ	ણ	ચ	ગ	મ	ગ	વ	ણ
◌ી	◌ા	છ	◌ં	ખ	છ	ક	ત	◌ે	ષ	ભ	◌ે	ખ	ઢ	ઈ	ઉ
ઝ	ણ	પ	સ	પ	ર	◌િ	મ	◌ા	ણ	◌ી	સ	ઢ	◌્	◌ી	◌ૃ
ગ	ત	ટ	◌ં	સ	◌િ	દ	◌્	ધ	◌ા	◌ં	ત	◌ૂ	લ	ખ	ઈ
ગ	◌ા	ભ	ખ	પ	સ	◌ૃ	◌ં	સ	મ	◌ી	ક	ર	ણ	ગ	◌્
અ	◌્	ર	◌્	પ	◌્	ર	મ	◌ા	ણ	ર	છ	◌ૃ	મ	છ	ગ
ચ	ચ	ડ	ય	ભ	ર	ત	ભ	છ	ળ	ત	◌ુ	◌્	ર	વ	ઠ
આ	શ	◌ા	◌ા	◌િ	◌ૂ	◌ં	ઘ	જ	ર	ણ	શ	ક	ક	ન	ધ
ઈ	ચ	◌ો	◌ં	અ	ખ	◌ા	ઢ	ન	ઈ	ગ	ઊ	◌ં	ડ	ઘ	◌ૂ
◌ે	◌ુ	થ	દ	છ	શ	મ	ત	◌્	ર	◌િ	ક	◌ો	ણ	ર	◌ુ
ઈ	ઠ	◌ૃ	મ	અ	ણ	સ	પ	થ	ઠ	◌્	◌્	ય	વ	પ	ઢ

કોણ
ગણતરી
વર્તુળ
વળાંક
વ્યાસ
પરિમાણ
સમીકરણ
ઊંચાઈ
આડું
તર્ક
માસ
મધ્ય
સંખ્યા
સમાંતર
પ્રમાણ
સેગમેન્ટ
સપાટી
સમપ્રમાણતા
સિદ્ધાંત
ત્રિકોણ

60 - Creativity

◌ૌ	ઘ	ય	અ	વ	◌િ	ચ	◌ા	ર	◌ો	ન	◌ા	ટ	ક	◌ી	ય
બ	◌્	ઝ	અ	ભ	◌ૂ	ય	◌ં	વ	◌્	સ	◌ો	ષ	ધ	ષ	ર
ક	ત	◌ા	ક	ણ	◌િ	મ	◌ા	ર	◌્	પ	મ	ળ	ચ	ભ	◌ે
મ	લ	ઠ	શ	◌ા	◌ે	વ	જ	◌ો	મ	ઠ	ખ	◌ૌ	ગ	પ	ન
પ	ફ	◌ા	◌ુ	છ	ઠ	બ	◌્	સ	◌્	પ	ષ	◌્	ટ	ત	◌ા
અ	◌્	ત	ત	ઝ	ઉ	ઊ	ઠ	ય	લ	◌્	શ	◌ૌ	ક	ઠ	ઠ
◌ં	ગ	ર	◌ૌ	◌્	વ	ઝ	ત	હ	ક	ઈ	◌ા	ષ	મ	ટ	◌ે
ત	ફ	ય	વ	ણ	મ	ખ	ક	ઝ	◌્	◌્	ચ	◌િ	ત	◌્	ર
ર	ઈ	ડ	અ	◌ા	ટ	ક	છ	શ	◌ો	લ	ત	ણ	◌્	ઊ	ફ
◌્	◌ૃ	મ	ભ	ર	હ	ન	◌ા	પ	◌્	લ	ક	◌િ	ન	ઊ	◌ં
જ	ગ	ઘ	ગ	ર	◌ુ	◌િ	પ	◌ૃ	ઓ	ણ	◌ી	ગ	◌ા	લ	બ
◌્	આ	◌ો	ફ	◌ે	ખ	ઈ	ત	ત	◌ો	ડ	ઈ	◌ૌ	ધ	ઠ	ઘ
ઞ	અ	ન	ગ	◌્	◌ે	ઈ	◌ો	◌ા	થ	◌ો	◌્	◌ે	શ	ચ	ટ
◌ા	વ	ર	◌ુ	પ	ત	◌ી	વ	◌્	ર	ત	◌ા	ઢ	◌ો	◌ો	ય
ન	◌ા	દ	વ	◌ે	◌ં	સ	ટ	દ	બ	ઈ	ઢ	ન	◌ં	◌ે	◌ો
પ	આ	થ	◌ો	લ	ઊ	◌િ	મ	ર	◌ુ	ધ	વ	જ	સ	ઈ	ચ

કલાત્મક
પ્રમાણિકતા
સ્પષ્ટતા
નાટકીય
લાગણીઓ
અભિવ્યક્તિ
પ્રવાહિતા
વિચારો
ચિત્ર
કલ્પના
છાપ
પ્રેરણા
તીવ્રતા
અંતર્જ્ઞાન
સંશોધનાત્મક
સંવેદના
કૌશલ્ય
સ્વયંભૂ
જોમ

61 - Airplanes

ડ	ઈ	વ	◌્	શ	◌ો	મ	હ	◌ૉ	◌્	◌ૉ	◌ુ	વ	અ	આ	થ
પ	◌િ	ત	અ	ઠ	ઝ	ઉ	◌ા	મ	ક	◌ા	ધ	◌ં	◌ા	બ	પ
◌ે	ણ	ઝ	◌િ	◌ુ	◌્	ખ	ઈ	◌્	અ	લ	ડ	શ	◌ૃ	અ	◌્
સ	ષ	જ	◌ા	હ	ગ	◌ૌ	ડ	પ	◌ં	ડ	◌ૌ	◌ા	ળ	◌િ	ર
◌ે	ન	ટ	લ	ઈ	◌ા	પ	◌્	બ	લ	◌ૂ	ન	◌િ	ઢ	હ	◌ો
ન	◌ૉ	અ	◌ા	ન	ન	સ	ર	દ	ઈ	ચ	વ	દ	ટ	◌ે	પ
◌્	અ	જ	પ	ત	આ	હ	◌ો	ઢ	ક	◌ા	ડ	ખ	ન	ત	◌ે
જ	ઈ	◌ી	ષ	શ	ઝ	◌ા	જ	ષ	અ	◌્	બ	◌ે	◌ૃ	◌ો	લ
ર	ચ	ણ	સ	◌ો	શ	સ	ન	ટ	લ	સ	ર	ઠ	ખ	ફ	ર
વ	◌ા	ત	◌ા	વ	ર	ણ	શ	આ	ક	◌ા	શ	◌ૂ	એ	◌ા	◌્
ખ	◌ં	ળ	હ	◌ો	ડ	◌ા	છ	◌ી	ઈ	◌િ	ધ	ત	◌ં	ન	સ
◌ૃ	ઊ	બ	ડ	બ	◌ો	ર	◌ુ	આ	ષ	ષ	ન	હ	જ	ખ	બ
◌ૉ	પ	ટ	ઘ	◌ા	ખ	ત	લ	◌્	◌ૌ	ધ	◌ૌ	વ	◌િ	◌ં	ઉ
ઘ	શ	થ	ચ	ટ	વ	ઉ	◌ૃ	ખ	અ	ન	વ	◌ા	ન	ય	◌ૂ
ઘ	ષ	ધ	◌ો	છ	ફ	પ	◌્	ઢ	હ	થ	ડ	ત	ફ	◌િ	ત
લ	સ	◌ી	ટ	ફ	બ	◌િ	ખ	ગ	છ	સ	આ	ચ	ઘ	ચ	બ

સાહસ
હવા
વાતાવરણ
બલૂન
બાંધકામ
ક્રૂ
વંશ
ડિઝાઇન
દિશા
એંજિન
બળતણ
ઊંચાઈ
ઇતિહાસ
હાઇડ્રોજન
ઉતરાણ
પેસેન્જર
પાઇલટ
પ્રોપેલર્સ
આકાશ
તોફાન

62 - Ocean

ત	ફ	શ	ક	ર	◌્	◌ા	શ	ફ	◌િ	લ	◌ી	◌ે	જ	ધ	સ
ઠ	◌ો	ન	◌ૂ	ર	હ	ઉ	◌ો	◌ૃ	ઈ	હ	લ	છ	ઈ	જ	◌્
વ	અ	ફ	◌ી	ર	ચ	શ	આ	વ	◌િ	◌ે	મ	છ	આ	ટ	પ
ન	આ	◌િ	◌ા	◌ો	◌ા	લ	ઓ	ઈ	સ	◌્	ટ	ર	ળ	દ	◌ો
ડ	છ	લ	ચ	ન	ઊ	ન	◌ા	◌ુ	ટ	વ	આ	ઈ	ટ	ઢ	ન
અ	◌ે	◌્	◌િ	ક	◌ા	ચ	બ	◌ો	બ	◌ુ	ઈ	ઝ	બ	ફ	◌્
◌ો	◌િ	◌ો	ન	ઉ	◌ુ	વ	ભ	અ	આ	સ	ઉ	◌ી	ય	ફ	જ
◌ે	ટ	ડ	વ	◌ી	◌ી	સ	ઝ	ર	ઝ	ઠ	◌ુ	◌ં	◌ી	મ	ળ
ઠ	◌ૌ	ઝ	થ	શ	હ	ટ	ધ	ષ	ઘ	ખ	◌ો	ગ	◌્	◌ૃ	◌ૌ
સ	આ	ઠ	થ	ક	ઢ	ચ	ટ	ષ	હ	◌ી	અ	◌ા	ક	ય	ફ
ચ	◌ુ	સ	પ	ટ	◌ો	◌્	ક	ઓ	છ	વ	થ	શ	ભ	ઊ	ષ
ગ	ધ	ટ	◌ૃ	◌ં	ઠ	ર	શ	◌ે	વ	◌ા	ળ	અ	ર	ષ	ણ
અ	◌ા	ઊ	ઊ	ધ	◌ુ	ક	લ	◌ી	છ	◌ા	મ	દ	ત	ર	બ
ત	ર	◌ં	ગ	◌ો	અ	ગ	ટ	ચ	ક	ક	સ	ગ	◌ી	◌ી	છ
ળ	◌િ	ઈ	◌ો	ય	◌ો	◌ૃ	◌ી	ધ	ઈ	જ	ત	◌ી	થ	પ	ષ
◌ો	◌ૌ	અ	પ	◌ં	ણ	ધ	◌્	◌િ	આ	ળ	મ	છ	ઊ	ઢ	ડ

શેવાળ
કોરલ
કરચલા
ડોલ્ફિન
માછલી
જેલીફિશ
ઓક્ટોપસ
ઓઇસ્ટર
રીફ
મીઠું
સાંવાંડ
શાર્ક
ઝીંગા
સ્પોન્જ
તોફાન
ભરતી
ટુના
કાચબો
તરંગો
વ્હેલ

63 - Force and Gravity

વ	◌ૂ	◌ૃ	ભ	ષ	◌ા	ણ	વ	થ	થ	ઈ	◌ો	ઠ	વ	◌ા	ઈ
જ	ય	ળ	◌્	અ	મ	ઊ	મ	આ	◌ૌ	જ	◌ો	છ	◌િ	ત	ગ
ન	ટ	◌ૌ	ર	ય	◌ં	આ	જ	ધ	ય	ઢ	ણ	ઘ	સ	◌ં	અ
ઈ	ળ	ય	મ	સ	ણ	ત	ક	શ	◌િ	આ	ષ	ણ	◌્	ઝ	શ
સ	થ	લ	ણ	◌ુ	ઠ	ળ	ર	હ	◌ો	ર	◌્	ગ	ત	ડ	◌ો
◌ી	ચ	છ	ક	લ	શ	◌ી	◌િ	ત	ગ	ધ	ર	વ	ર	પ	◌ી
વ	શ	બ	ક	ડ	◌ી	◌ુ	ત	ક	બ	છ	ઘ	◌્	ણ	સ	ઈ
ક	ઠ	ર	◌્	ઉ	ડ	પ	◌્	◌ૌ	દ	બ	◌ા	ણ	ઉ	ઝ	◌ે
ગ	◌ે	હ	ષ	ણ	ર	થ	વ	ખ	ફ	ધ	ક	◌ં	ઢ	ષ	ઈ
ક	લ	ન	◌ા	મ	ઘ	ત	ર	જ	ટ	ર	◌ૃ	ગ	ચ	ભ	આ
ષ	ષ	ર	◌્	◌ી	ઢ	દ	◌્	ઝ	ગ	ભ	◌ે	ઊ	ચ	શ	ભ
ટ	દ	ગ	◌ૂ	દ	◌ા	જ	◌ા	ય	થ	ણ	જ	પ	◌ુ	◌ા	◌્
◌િ	◌િ	વ	◌ૂ	મ	◌્	◌ા	સ	ક	◌્	ન	◌િ	ક	◌ે	◌િ	મ
ભ	ખ	ઉ	ખ	ગ	◌ો	ર	ગ	◌ુ	ણ	ધ	ર	◌્	મ	◌ો	અ
મ	◌ે	ગ	◌્	ન	◌ે	ટ	◌િ	ઝ	મ	ધ	ર	◌ી	છ	છ	સ
ભ	◌ૌ	ત	◌િ	ક	શ	◌ા	સ	◌્	ત	◌્	ર	હ	ક	સ	ર

ધરી
કેન્દ્ર
શોધ
અંતર
ગતિશીલ
વિસ્તરણ
ઘર્ષણ
અસર
મેગ્નેટિઝમ
મિકેનિક્સ

ગતિ
ભ્રમણકક્ષા
ભૌતિકશાસ્ત્ર
ગ્રહો
દબાણ
ગુણધર્મો
ઝડપ
સમય
સાર્વત્રિક
વજન

64 - Birds

ફ	◌્	લ	◌ે	મ	◌િ	◌ં	ગ	◌ો	ક	ઈ	◌ી	◌ો	પ	◌િ	છ
ચ	હ	◌્	◌ો	દ	ઘ	છ	◌ૌ	◌ૌ	◌ો	◌ો	શ	◌ા	જ	શ	ઝ
ઉ	◌ૃ	◌િ	સ	◌ૂ	થ	દ	ત	ટ	ય	ન	ક	◌ુ	ટ	ડ	◌ી
ધ	હ	◌ૌ	◌ૃ	ફ	◌ૂ	ન	ણ	◌ુ	લ	વ	ફ	ઉ	ય	◌ા	◌ે
આ	મ	ણ	ગ	સ	ટ	◌ં	ઊ	હ	ફ	◌િ	હ	આ	◌ો	લ	શ
◌ૃ	◌ે	ટ	શ	◌ૌ	◌ે	◌િ	વ	ઘ	ઈ	ગ	◌ો	ફ	ઊ	વ	ષ
ષ	ડ	◌ો	ગ	◌ા	ક	ર	◌્	ટ	◌ો	◌્	સ	પ	ખ	ધ	◌ૃ
◌ે	◌ુ	ળ	◌ૃ	ષ	હ	◌ા	ગ	◌ે	ઊ	◌ં	ઘ	ર	અ	ઘ	ર
◌્	ર	◌ો	મ	પ	ણ	મ	ઈ	હ	આ	◌ે	◌ૃ	◌્	◌ુ	◌ં	ધ
ઈ	ગ	ઈ	દ	ક	◌્	પ	◌ૃ	◌ી	ફ	પ	જ	◌ો	◌ૌ	ક	◌ો
હ	પ	હ	ગ	ઈ	ઘ	મ	◌ે	ગ	◌ૃ	ઠ	ઉ	◌ો	◌ુ	ષ	ર
◌ે	◌ી	બ	ળ	◌ૃ	◌ો	ર	ઈ	લ	ર	◌ી	ન	◌ે	◌ે	ક	◌ુ
ર	ટ	પ	ચ	◌િ	ક	ન	◌ં	◌ુ	◌િ	લ	◌ં	બ	ચ	◌ો	આ
◌ો	◌્	ષ	◌ો	ઈ	ત	બ	ડ	ગ	સ	ક	◌ં	ય	ષ	હ	સ
ન	શ	◌ે	વ	પ	બ	◌ં	◌ુ	◌ૃ	◌ૂ	ચ	ન	ટ	◌ા	વ	ચ
◌્	ચ	◌ૃ	ફ	ઠ	ટ	સ	◌ં	હ	થ	ઈ	પ	આ	જ	◌ા	ઉ

કેનેરી
ચિકન
કાગડો
કોયલ
બતક
ગરુડ
ઇંડું
ફ્લેમિંગો
ગુલ
હોક
હેરોન
શાહમૃગ
પોપટ
મોર
પેલિકન
પેંગ્વિન
ચકલી
સ્ટોર્ક
હંસ
ટુકન

65 - Art

જ	વ	◌્	ય	ક	◌્	ત	◌િ	ગ	ત	સ	આ	ત	◌ૂ	બ	◌ૂ
ખ	ટ	દ	◌ે	ખ	◌ી	ત	◌ુ	◌ં	વ	મ	ક	◌ો	મ	◌ી	ઠ
હ	ત	◌િ	ક	◌્	ય	વ	◌્	◌િ	ભ	અ	◌ૃ	લ	દ	છ	ચ
છ	ઝ	ડ	લ	અ	ખ	ય	ય	ઉ	ધ	થ	ત	ભ	◌ુ	મ	શ
◌ે	ચ	ય	આ	ચ	ત	ષ	મ	ર	ણ	ળ	◌િ	ળ	ળ	◌ૂ	મ
દ	◌િ	અ	વ	◌િ	ષ	◌િ	ક	વ	◌િ	ત	◌ા	ઢ	ઘ	ડ	મ
◌ૌ	ત	ડ	પ	અ	ઉ	વ	વ	પ	◌્	ર	મ	◌ા	ણ	◌િ	ક
ળ	◌્	ભ	લ	ઠ	અ	ણ	ન	◌ા	ન	ચ	ર	ઝ	થ	હ	ઢ
ણ	ર	ત	◌્	◌િ	ચ	ટ	ઘ	ક	સ	◌ુ	◌્	ર	જ	ડ	◌ો
ગ	◌ો	સ	◌િ	ઉ	ભ	ચ	◌ૃ	◌ુ	ઈ	◌્	◌ુ	ભ	◌ી	◌ૂ	ચ
◌ં	◌િ	અ	શ	સ	◌િ	ર	◌ા	મ	◌િ	ક	ત	◌ી	ર	◌્	પ
ચ	લ	◌ી	ભ	◌ે	ભ	ઝ	◌ુ	◌ો	ડ	ર	ઉ	વ	થ	જ	ધ
થ	બ	શ	ઊ	ણ	ઘ	ઠ	◌ે	ભ	◌ં	◌્	ડ	◌ો	વ	ચ	ઝ
શ	લ	હ	ભ	છ	થ	ળ	ચ	◌ૌ	જ	થ	ળ	◌ા	ગ	◌ા	ઈ
પ	◌્	ર	◌ે	ર	◌િ	ત	ઊ	ર	◌ો	ઝ	ર	ન	ઘ	શ	દ
◌ી	મ	હ	આ	અ	ડ	ક	ઝ	આ	ક	◌િ	ધ	બ	વ	ઊ	બ

સિરામિક
જટિલ
રચના
બનાવો
અભિવ્યક્તિ
આકૃતિ
પ્રમાણિક
પ્રેરિત
મૂડ
મૂળ
ચિત્રો
વ્યક્તિગત
કવિતા
ચિત્રણ
શિલ્પ
સરળ
વિષય
અતિવાસ્તવવાદ
પ્રતીક
દેખીતું

66 - Nutrition

મ	ઈ	◌ૂ	◌ુ	આ	ત	ત	પ	ર	◌ૃ	ઢ	સ	◌ા	સ	◌ે	અ
મ	બ	ન	◌ુ	હ	લ	સ	ત	◌ો	◌ે	◌ી	◌્	ય	પ	શ	ર
પ	જ	આ	ય	◌ા	◌િ	ચ	છ	આ	ષ	સ	વ	મ	◌્	◌ુ	ઝ
ઝ	ઈ	સ	ગ	ર	ત	ઈ	ળ	થ	પ	ક	◌ા	◌ૌ	ર	ડ	ઠ
ઝ	◌ૌ	છ	◌્	ન	◌ુ	ણ	ન	◌ો	◌ુ	ઢ	દ	ક	વ	ફ	દ
ખ	પ	ઝ	◌ો	વ	◌ં	ઝ	શ	પ	ત	◌િ	ડ	ડ	◌ા	◌ી	ઉ
◌ા	ર	શ	ર	છ	સ	ડ	લ	◌ા	◌ા	સ	મ	વ	હ	પ	ળ
દ	◌ૃ	ચ	આ	ફ	◌ા	◌્	◌ુ	ચ	ત	ઉ	ઈ	◌ો	◌ી	◌્	◌ુ
◌્	જ	◌ી	◌ં	ભ	આ	◌ૃ	થ	ન	◌્	ળ	ઝ	◌ં	ર	ર	◌ૌ
ય	ખ	◌ૌ	◌ે	ર	પ	ર	શ	મ	વ	ધ	લ	મ	આ	◌ો	સ
દ	ઉ	ઘ	હ	આ	ધ	વ	પ	◌િ	ણ	◌ે	પ	ઘ	ઈ	ટ	ક
લ	ઈ	ણ	આ	ચ	હ	◌ૂ	બ	ટ	◌ુ	ચ	ઢ	◌્	થ	◌ી	ફ
ફ	◌ં	ત	ઠ	હ	◌ો	થ	◌િ	◌ા	ગ	આ	◌્	આ	ઉ	ન	વ
ચ	◌િ	સ	◌ો	સ	ઝ	◌્	ઝ	◌િ	ભ	◌ૂ	ખ	ખ	◌ૌ	જ	ળ
થ	◌ૌ	બ	ઘ	ગ	ફ	◌ે	ષ	વ	ઉ	◌ૂ	ષ	ભ	ઢ	વ	છ
◌્	ગ	ધ	થ	◌ં	ળ	◌ુ	ર	◌ી	લ	◌ે	ક	ઝ	પ	ચ	◌ુ

ભૂખ
સંતુલિત
કડવો
કેલરી
આહાર
પાચન
ખાદ્ય
આથો
સ્વાદ
આરોગ્ય
સ્વસ્થ
પ્રવાહી
પોષક
પ્રોટીન
ગુણવત્તા
સોસ
મસાલા
ઝેર
વિટામિન
વજન

67 - Hiking

છ	ઘ	પ	આ	ઈ	ક	ય	ક	ણ	ણ	ણ	સ	થ	શ	ય	જ
આ	આ	◌ૌ	◌્	◌ં	શ	વ	ભ	લ	◌ી	ફ	◌ો	લ	ફ	ણ	◌ં
ર	બ	◌ા	ય	ર	◌્	◌ૂ	સ	ભ	◌ા	ર	◌ે	ઊ	છ	◌ૃ	ગ
◌ો	◌ો	◌ો	ર	ટ	ક	ર	◌્	◌ા	પ	બ	◌ુ	ટ	ઢ	ફ	લ
થ	◌ે	◌ા	હ	મ	ઝ	◌ૃ	ક	◌ે	મ	◌્	પ	◌િ	◌ં	ગ	◌ી
◌્	◌ં	ગ	◌ો	વ	ર	ત	ત	ગ	થ	જ	હ	મ	ભ	ણ	છ
થ	ઓ	ણ	◌ી	ર	◌ા	◌્	પ	◌િ	ઘ	ખ	◌ો	સ	શ	શ	દ
પ	◌ુ	ચ	ઓ	ર	◌િ	એ	ન	◌્	ટ	◌ે	શ	ન	પ	ઢ	ધ
◌ો	ર	છ	◌્	ચ	મ	અ	◌ો	ળ	મ	◌ી	ક	ટ	ડ	શ	બ
પ	◌ી	◌્	હ	વ	◌ા	મ	◌ા	ન	ઊ	ભ	ન	ફ	ઝ	દ	ચ
◌ૃ	ય	ડ	વ	ઊ	ઘ	◌ૃ	ધ	ળ	અ	લ	ર	ટ	વ	દ	◌ુ
મ	◌ા	દ	ય	ત	ઉ	ઘ	આ	◌ો	◌્	ટ	ર	દ	છ	વ	ય
ર	◌ૈ	થ	◌ૂ	ઊ	પ	ઊ	◌ુ	હ	ર	ધ	ન	થ	◌ૌ	થ	ષ
ય	ત	ઘ	આ	ષ	◌ૂ	◌ૂ	છ	ણ	ઉ	જ	ઊ	◌ા	ર	◌ં	ધ
◌ો	ળ	અ	છ	ખ	◌ી	◌ં	◌ુ	વ	આ	પ	ષ	ટ	શ	શ	◌ૃ
મ	◌ા	ર	◌ૂ	ગ	દ	ર	◌ૂ	શ	◌િ	ક	◌ા	ઓ	ઠ	ણ	◌િ

પ્રાણીઓ
બુટ
કેમ્પિંગ
આબોહવા
માર્ગદર્શિકાઓ
ભારે
નકશો
મચ્છર
પર્વત
પ્રકૃતિ
ઓરિએન્ટેશન
પાર્ક
તૈયારી
પથ્થરો
સમિટ
સૂર્ય
પાણી
હવામાન
જંગલી

68 - Professions #1

ઘ	મ	સ	◌ુ	અ	આ	ર	ઘ	ષ	છ	વ	◌ે	◌ુ	ણ	◌ા	હ
◌ે	◌ા	◌ા	ય	લ	ક	મ	શ	◌ા	ન	◌િ	◌્	ગ	અ	ઈ	જ
ઈ	ન	ય	આ	ઝ	દ	સ	◌ં	પ	◌ા	દ	ક	◌ૌ	ગ	બ	સ
ઈ	ચ	ક	◌િ	ડ	વ	પ	◌્	લ	મ	◌્	બ	ર	થ	હ	ક
ળ	◌િ	◌ો	થ	ય	◌ા	◌ે	બ	◌ૌ	ક	ઊ	ગ	ટ	◌ે	ર	◌્
◌ુ	ત	લ	◌્	ણ	ન	સ	ર	લ	ઉ	ફ	ફ	ક	ગ	◌ી	ણ
પ	◌્	◌ો	◌ુ	ધ	◌ો	ન	◌ે	◌ી	હ	ય	ય	◌્	◌ો	ત	◌ુ
ન	ર	જ	ભ	ક	ય	શ	◌ો	ક	જ	પ	ષ	◌ો	દ	◌્	થ
◌ા	ક	◌િ	ર	ધ	◌ા	શ	◌ં	વ	◌ી	ર	ત	ડ	◌ી	સ	છ
વ	◌ા	સ	ક	દ	◌િ	બ	◌ે	◌ં	ક	ર	દ	ન	ર	◌્	સ
◌િ	ર	◌્	◌ા	◌ો	પ	ર	ચ	ખ	મ	સ	◌ૂ	બ	◌ી	શ	ઉ
ક	ટ	ટ	ત	ણ	ચ	બ	હ	દ	ભ	ન	જ	દ	ક	◌ા	◌ે
◌િ	ન	અ	ગ	ટ	ફ	લ	ષ	◌િ	સ	◌્	◌ા	શ	◌ા	ળ	ય
ગ	ડ	ખ	◌ી	◌ો	◌ા	ફ	મ	ણ	◌ો	◌ા	ર	◌િ	◌િ	◌ો	ઈ
ઈ	ક	ઢ	◌ં	અ	ય	ચ	ર	ણ	બ	ડ	◌્	ઘ	શ	ગ	ડ
ડ	◌િ	ક	સ	ત	◌્	ક	◌િ	ચ	◌િ	◌ુ	શ	પ	◌ો	ખ	ષ

રાજદૂત
ખગોળશાસ્ત્રી
વકીલ
બેંકર
માનચિત્રકાર
કોચ
ડાન્સર
ડૉક્ટર
સંપાદક
અગ્નિશામક

શિકારી
ઝવેરી
સંગીતકાર
નર્સ
પિયાનોવાદક
પ્લમ્બર
સાયકોલોજિસ્ટ
નાવિક
દરજી
પશુચિકિત્સક

69 - Barbecues

◌્	ઊ	◌ં	ટ	◌ી	◌્	સ	ડ	ભ	હ	◌ં	બ	ધ	મ	ધ	ર
મ	◌ી	ઠ	◌ુ	◌ં	ખ	ય	ભ	વ	ળ	વ	ટ	મ	પ	◌ો	◌ા
ર	ખ	ખ	ચ	ર	ફ	ખ	ટ	◌ૉ	દ	◌ૉ	લ	ફ	ટ	◌ી	ત
ટ	ભ	લ	ર	લ	ઘ	◌ુ	ચ	ચ	◌િ	ક	ન	સ	◌ો	સ	◌્
◌ે	હ	ડ	◌ૉ	જ	બ	ઈ	ઘ	ઝ	ડ	ત	ગ	◌ી	◌ં	સ	ર
લ	ર	◌ી	◌્	ગ	મ	ત	ન	હ	ટ	વ	અ	આ	◌ા	ઈ	◌િ
થ	◌ં	◌ૃ	ઈ	◌ૃ	ઈ	ડ	શ	જ	ધ	ખ	શ	ષ	ક	◌્	ભ
ઉ	છ	ચ	◌ુ	ઈ	બ	ઊ	◌ા	વ	ઉ	ન	થ	◌ૉ	ર	◌્	◌ો
◌િ	ઝ	વ	ગ	ડ	◌ા	લ	સ	ય	સ	ન	સ	આ	ઝ	ચ	જ
ભ	◌ુ	જ	મ	હ	ળ	ફ	ર	જ	◌ી	ભ	◌ા	ક	◌ા	શ	ન
◌ૂ	◌ૃ	ષ	ખ	સ	ક	ર	ભ	◌ે	હ	ઠ	ળ	ળ	ર	◌િ	ટ
ખ	દ	◌િ	ઘ	લ	◌ો	દ	ર	લ	ખ	◌ં	◌ી	ન	◌ો	ટ	ટ
ક	◌ુ	ટ	◌ુ	◌ં	બ	◌ં	ગ	ર	ણ	◌ો	મ	◌િ	અ	◌્	સ
આ	ગ	ઘ	બ	ક	ઝ	ઘ	મ	મ	ઓ	◌ી	ર	છ	ઠ	ગ	ત
ઝ	હ	મ	◌િ	ત	◌્	ર	◌ો	ત	ત	ડ	ગ	◌ા	વ	◌ો	◌ૌ
હ	ઢ	ક	ઢ	ભ	◌ૌ	જ	ગ	◌ો	ડ	◌ૂ	ફ	ચ	ક	ક	◌ે

ચિકન
બાળકો
રાત્રિભોજન
કુટુંબ
ખોરાક
કાંટો
મિત્રો
ફળ
રમતો
ગ્રીલ
ગરમ
ભૂખ
છરીઓ
લંચ
સંગીત
સલાડ
મીઠું
સોસ
ઉનાળો
શાકભાજી

70 - Chocolate

વ	ઢ	દ	◌ં	સ	પ	ન	મ	ડ	ક	◌ો	◌ો	ક	ઠ	વ	◌ી
◌ૌ	દ	◌ુ	આ	◌ુ	આ	ય	લ	ઘ	◌ા	વ	ઠ	ત	વ	◌િ	પ
ઈ	એ	ધ	દ	વ	◌ા	◌્	સ	ટ	ર	ડ	વ	◌ા	પ	દ	બ
◌ૃ	◌ે	ન	ઊ	◌ા	દ	◌ૌ	વ	ક	◌ી	ક	ળ	ત	દ	◌ે	ચ
ટ	વ	◌ી	◌્	સ	ખ	◌ા	◌ં	ડ	ગ	ઈ	ર	◌્	ણ	શ	જ
સ	ગ	ડ	ખ	ટ	◌ૂ	શ	અ	ય	ર	આ	મ	વ	◌ુ	◌ી	ધ
મ	ગ	ફ	ળ	◌ી	◌ી	◌ે	ર	◌ા	◌ી	ભ	ક	ણ	બ	બ	ચ
◌ૂ	ઈ	ઉ	ત	સ	◌િ	ઓ	ણ	◌ા	આ	સ	ઉ	◌ુ	પ	ત	જ
ક	◌ૃ	◌ૃ	વ	◌ૃ	◌્	ગ	ક	ન	◌ે	ઘ	◌ૃ	ગ	ક	◌ૃ	બ
ઢ	ન	ળ	ઝ	◌્	ષ	વ	બ	◌િ	ડ	ઝ	પ	ફ	◌ે	◌ૂ	ડ
ર	◌ે	સ	◌ી	પ	◌ી	◌્	◌ા	ઉ	સ	◌ો	ઈ	સ	ન	જ	◌ૂ
જ	ઝ	ફ	વ	ક	ર	ળ	ણ	દ	વ	ડ	ઠ	મ	◌્	ફ	ઉ
સ	ઈ	દ	ડ	◌ે	પ	◌ૂ	અ	◌ા	◌િ	અ	ન	ખ	ડ	ઈ	ઉ
વ	ણ	◌ૃ	ઊ	લ	ન	છ	હ	આ	ઈ	ષ	◌ૃ	◌્	◌ી	ફ	ક
જ	દ	ઉ	થ	ર	હ	પ	ઈ	◌ૃ	ગ	ત	◌્	ળ	ટ	◌ો	◌ે
સ	પ	અ	◌ુ	◌ી	◌ૂ	શ	અ	ગ	ડ	શ	ક	ટ	ઢ	◌િ	છ

એન્ટીઑક્સિડન્ટ
સુવાસ
કારીગરી
કડવો
કોકો
કેલરી
કેન્ડી
તૃષ્ણા
સ્વાદિષ્ટ
વિદેશી
મનપસંદ
ઘટક
મગફળી
પાવડર
ગુણવત્તા
રેસીપી
ખાંડ
સ્વીટ
સ્વાદ

71 - Vegetables

આ	દ	◌ુ	ય	શ	ગ	ઊ	ક	બ	ણ	ગ	◌ં	◌ી	ર	ડ	ક
◌ો	ય	◌ૃ	લ	બ	દ	ઈ	વ	પ	ળ	◌ા	◌ે	◌ૌ	વ	◌ુ	◌ો
◌ો	◌ો	◌ૂ	આ	ળ	ષ	ઢ	ઘ	ર	◌ો	જ	પ	વ	ક	◌ં	ળ
ઠ	ધ	◌ૌ	શ	ર	◌ો	◌ૌ	ભ	મ	◌ૂ	ર	શ	મ	ઉ	ગ	◌ુ
બ	ળ	સ	ષ	ઠ	◌્	આ	ફ	ઈ	મ	◌ૌ	વ	◌ા	ખ	ળ	◌ં
ભ	ટ	ઉ	સ	ઘ	ઉ	ટ	◌ા	મ	◌ે	◌ા	ટ	◌ં	ન	◌ી	થ
હ	ઈ	◌ા	ણ	ગ	ધ	◌ૃ	◌િ	હ	શ	શ	ચ	◌ૂ	ક	ચ	બ
ધ	◌ો	◌ા	ક	હ	બ	બ	◌ી	ક	◌ો	લ	◌ૂ	ફ	◌ા	મ	◌્
શ	◌િ	ડ	◌ં	◌ા	ત	મ	થ	ળ	◌ો	લ	હ	◌ં	ક	ન	ર
ળ	ધ	◌ા	◌ુ	સ	ઈ	ઓ	લ	◌િ	વ	ક	સ	અ	ડ	જ	◌ો
સ	◌ે	લ	ર	◌ી	સ	◌્	પ	◌િ	ન	ચ	ય	ણ	◌ી	ગ	ક
◌્	સ	સ	પ	ધ	ય	ક	◌િ	પ	ગ	ઈ	ષ	◌ૃ	જ	ઠ	◌ો
જ	લ	ફ	ખ	મ	ળ	મ	◌ા	દ	ટ	◌ુ	ધ	ઠ	◌ો	◌ુ	લ
વ	ગ	દ	◌ં	◌ૃ	◌ં	થ	ર	◌ો	◌ે	ઈ	◌ો	ર	ઢ	◌ે	◌ી
◌ૌ	મ	ત	◌ો	◌િ	◌ો	ખ	ન	ઢ	ટ	◌ા	વ	છ	◌ૃ	આ	ઝ
બ	ઘ	◌ો	છ	ઝ	ઠ	આ	◌ી	ઉ	ષ	ફ	થ	ક	ઈ	◌િ	◌ો

આર્ટિકોક
બ્રોકોલી
ગાજર
ફુલકોબી
સેલરી
કાકડી
રીંગણ
લસણ
આદુ
મશરૂમ
ઓલિવ
ડુંગળી
પેં
બટાકા
કોળું
મૂળો
સલાડ
સ્પિનચ
ટામેટા
સલગમ

72 - The Media

◌િ	ષ	ઢ	◌્	જ	◌ો	ઓ	ટ	બ	દ	દ	સ	વ	પ	ગ	સ
ષ	ફ	ફ	ન	ય	જ	અ	ન	◌ુ	ણ	ઈ	◌ં	◌ૃ	લ	વ	◌્
આ	ઢ	ષ	◌્	ઠ	◌ં	ભ	ષ	લ	ટ	ન	ચ	◌ી	ખ	ણ	થ
ષ	ન	ઝ	વ	◌િ	લ	◌િ	◌ે	ટ	◌ા	◌ે	◌ા	ઝ	જ	◌્	◌ા
વ	ઝ	◌ં	ડ	શ	ઈ	પ	◌ં	◌િ	◌ો	ઈ	ર	◌ુ	ઠ	ઢ	ન
ભ	◌ે	લ	ળ	◌ા	◌ો	◌્	◌્	ઉ	ફ	ન	ન	વ	ચ	છ	◌િ
ર	◌ે	ડ	◌િ	ય	◌ો	ર	◌ો	ત	◌્	◌િ	ચ	દ	ગ	◌ૌ	ક
ગ	ફ	શ	પ	શ	ત	◌ા	બ	◌ૌ	દ	◌્	ધ	◌િ	ક	◌ો	ન
ણ	ર	◌ા	ષ	ફ	ગ	ય	◌ો	◌્	દ	ઉ	જ	◌ા	હ	◌ે	ર
ઈ	બ	◌ૂ	લ	આ	વ	ધ	ય	ડ	પ	◌ૌ	ભ	ણ	ત	◌િ	ળ
ગ	ઠ	ક	ર	◌્	વ	ટ	◌ે	ન	◌ી	ક	◌ં	ફ	ટ	અ	◌ં
◌ુ	આ	દ	ણ	ભ	◌ૃ	◌ૃ	◌ૂ	◌ૂ	આ	ઘ	ડ	ધ	◌ો	મ	ષ
સ	ય	લ	◌ુ	ષ	ઢ	ગ	ત	ઠ	ઘ	ષ	◌ો	ન	◌ી	જ	◌ી
◌ૃ	થ	ફ	◌ી	◌ૂ	ણ	ષ	ક	◌્	◌િ	શ	ળ	◌ો	◌ૂ	◌ે	ડ
◌ુ	◌િ	◌ા	ડ	◌િ	જ	◌િ	ટ	લ	ત	◌ો	ક	◌ી	ક	હ	ષ
વ	◌્	ય	ક	◌્	ત	◌િ	ગ	ત	◌ે	◌િ	◌્	ટ	સ	ળ	ટ

વલણ
સંચાર
ડિજિટલ
આવૃત્તિ
શિક્ષણ
હકીકતો
ભંડોળ
ચિત્રો
વ્યક્તિગત
ઉદ્યોગ
બૌદ્ધિક
સ્થાનિક
નેટવર્ક
ઓનલાઇન
અભિપ્રાય
ફોટા
જાહેર
રેડિયો
ટેલિવિઝન

73 - Boats

સ	◌ે	ઈ	લ	બ	◌ો	ટ	ર	એ	◌ુ	ડ	◌ો	પ	◌ૂ	મ	ન
લ	વ	ત	ક	ખ	ય	ર	ક	◌ં	◌િ	ઉ	વ	વ	ક	◌ા	◌ા
◌ૉ	ઈ	◌ી	ર	◌ી	ડ	ક	ટ	જ	ઉ	◌ે	દ	ણ	દ	સ	વ
ઢ	ભ	સ	મ	◌ુ	દ	◌્	ર	◌િ	ફ	◌ે	ર	◌ી	◌ં	◌્	◌િ
ડ	દ	◌ૃ	ઘ	◌્	શ	ન	ગ	ન	ય	શ	◌ૌ	ય	ત	ટ	ક
◌ૌ	◌ૉ	બ	ગ	ઠ	ટ	એ	સ	દ	◌ો	ર	ડ	◌ુ	◌ં	ર	ર
ત	ઈ	ઝ	ઘ	ત	મ	વ	◌ા	ળ	ત	ષ	ઘ	◌ં	ધ	◌ં	ભ
◌ુ	◌ૂ	◌ા	ઉ	ણ	ક	ટ	◌ા	ય	હ	જ	ઈ	◌ો	◌ુ	ર	◌ૂ
ર	ઈ	અ	હ	ખ	◌ૌ	હ	હ	લ	હ	ધ	ચ	બ	ઝ	◌ી	ઢ
બ	ધ	◌ૃ	ઝ	ચ	ત	◌િ	મ	ઉ	ધ	ઝ	◌ં	ષ	◌ં	ફ	◌િ
ચ	ન	ઊ	ઘ	હ	જ	થ	મ	ઉ	ઈ	◌ં	◌ૌ	જ	ઊ	ળ	ક
ખ	◌ો	ટ	ળ	બ	ઈ	ત	વ	થ	ઊ	◌ૌ	ગ	ખ	◌ા	◌ૃ	ધ
શ	ચ	મ	ઈ	જ	ખ	ર	◌ૂ	◌્	ક	◌ુ	◌ં	ડ	◌ો	હ	ઝ
ત	◌ો	ટ	ચ	◌ા	◌ૃ	◌ા	ડ	◌ો	ક	ઈ	◌ો	દ	ષ	ક	છ
શ	શ	◌ૌ	થ	ળ	ગ	પ	સ	પ	ર	◌ુ	ન	◌ે	થ	ડ	◌ુ
ડ	◌્	છ	લ	ટ	બ	◌ો	ફ	ઈ	◌ા	લ	ક	ટ	◌િ	◌ો	ન

એન્કર
બોયું
ક્રૂ
ડૉક
એંજિન
ફેરી
હોડકું
તળાવ
લાઇફબોટ
માસ્ટ
નૉટિકલ
મહાસાગર
તરાપો
નદી
દોરડું
સેઇલબોટ
નાવિક
સમુદ્ર
ભરતી
યાટ

74 - Activities and Leisure

ઢ	◌ો	◌ં	ચ	◌ં	ર	◌ુ	સ	◌ો	ત	ટ	ધ	હ	ફ	બ	◌ે
મ	મ	ર	◌ો	પ	ઈ	ચ	ર	પ	◌ૌ	ર	પ	◌ુ	શ	◌ા	ર
દ	◌ુ	લ	◌ૂ	ઠ	ગ	ચ	◌્	◌્	હ	◌ો	વ	◌ો	◌ો	ગ	ણ
ય	શ	સ	◌ો	ષ	ફ	◌ી	ફ	ચ	◌્	થ	ઢ	◌ુ	ખ	ક	ઘ
◌ા	હ	ન	◌ા	ખ	ગ	વ	◌િ	◌ં	ઈ	◌ા	ડ	ઠ	◌ં	◌ા	ર
ન	વ	◌િ	ળ	ફ	ર	◌ં	◌ં	ઠ	અ	ઠ	ઉ	ગ	◌ે	મ	લ
ત	થ	◌ે	ક	◌ં	ર	◌ી	ગ	ગ	સ	◌િ	◌ં	ક	◌્	◌ો	બ
ફ	જ	ટ	◌ૂ	◌ૂ	પ	◌ી	દ	ટ	મ	ભ	ક	◌િ	◌ી	◌ૌ	◌ો
બ	◌ે	ઝ	બ	◌ો	લ	ળ	ઊ	◌ી	◌ા	સ	◌ે	◌ં	ડ	ર	ટ
ફ	◌્	ઘ	◌ૌ	વ	◌ુ	ગ	ર	◌ં	છ	જ	મ	ઈ	પ	◌ે	ક
ય	ઢ	◌ૃ	◌ૂ	ઘ	સ	◌ો	જ	ન	◌ી	જ	◌્	◌ા	હ	આ	◌ે
ઘ	◌ો	◌ો	ત	મ	◌ો	લ	◌ૃ	◌્	મ	ઢ	પ	હ	ક	ધ	સ
◌ુ	સ	ત	◌ૃ	ય	ક	◌્	ક	ઈ	◌ા	ન	◌િ	◌ો	ઢ	◌િ	◌્
◌ૃ	ઝ	ભ	ચ	ઈ	ર	ફ	છ	◌ે	ર	ણ	◌ં	ધ	ઊ	◌્	◌ા
ર	◌ે	સ	◌િ	◌ં	ગ	◌ો	ક	પ	◌ી	◌ે	ગ	ફ	◌ુ	ડ	બ
વ	◌ો	લ	◌ી	બ	◌ો	લ	આ	ભ	થ	અ	◌ુ	ત	બ	મ	ઠ

કળા
બેઝબોલ
બાસ્કેટબોલ
બોક્સિંગ
કેમ્પિંગ
ડાઇવિંગ
માછીમારી
બાગકામ
ગોલ્ફ
હાઇકિંગ
શોખ
પેઈન્ટીંગ
રેસિંગ
ખરીદી
સોકર
સર્ફિંગ
તરવું
ટેનિસ
મુસાફરી
વૉલીબૉલ

75 - Driving

જ	ટ	હ	્	અ	ઠ	ષ	જ	ગ	ે	સ	ય	લ	ણ	જ	ૂ
ઈ	જ	આ	લ	ક	ય	સ	ા	ર	ટ	ો	મ	ા	ૃ	ો	હ
મ	ઠ	ઢ	ા	સ	ભ	ક	મ	વ	ે	ણ	ટ	ઈ	ચ	ઠ	ષ
ભ	ો	ા	ડ	્	લ	્	ો	ઈ	ઝ	ે	દ	સ	દ	ઠ	ફ
ઉ	ત	ઈ	દ	મ	ઘ	ર	ટ	ર	ઈ	િ	ગ	ન	ઝ	ઈ	લ
ે	ં	ઊ	ૂ	ા	ટ	ે	ર	ા	ઝ	ગ	થ	્	ટ	ે	્
ૂ	ય	િ	ત	ત	શ	્	ૃ	્	ો	ગ	હ	સ	્	ઢ	ળ
શ	ુ	ે	ખ	છ	ી	બ	ઢ	ડ	ો	ર	ટ	ઉ	છ	ઘ	ગ
ફ	ડ	આ	ણ	ઈ	ગ	મ	ઝ	ડ	પ	ી	્	ો	લ	આ	પ
ો	વ	અ	ઈ	ઘ	ો	લ	ા	શ	ઝ	દ	ર	છ	ય	હ	ો
શ	બ	ળ	ત	ણ	ક	ા	મ	લ	ટ	ા	ક	શ	ગ	ન	લ
ક	ફ	િ	ર	ા	્	ટ	અ	ભ	સ	હ	ઠ	ૌ	અ	્	ી
ન	ા	ટ	ન	લ	ુ	ડ	ો	શ	ઢ	ા	ફ	જ	શ	ઘ	સ
છ	થ	ર	થ	ભ	ઈ	ો	ઈ	થ	ઈ	ર	ઈ	્	ળ	વ	ય
ઝ	િ	્	ગ	ષ	ઘ	ઈ	ળ	છ	ઘ	દ	ી	્	ષ	પ	જ
ડ	અ	ઉ	ે	ષ	ા	ુ	ઈ	ફ	ઊ	ન	ઠ	ણ	ગ	ો	ન

અકસ્માત
બ્રેક્સ
કાર
ભય
ડ્રાઇવર
બળતણ
ગેરેજ
ગેસ
લાઇસન્સ
નકશો
મોટર
મોટરસાયકલ
રાહદારી
પોલીસ
રોડ
સલામતી
ઝડપ
ટ્રાફિક
ટ્રક
ટનલ

76 - Biology

બ	થ	જ	ચ	ણ	◌્	વ	ર	◌ૃ	બ	◌્	બ	ણ	એ	ઊ	સ
આ	ઉ	પ	◌્	ઊ	ઝ	◌ૌ	શ	◌ૌ	હ	◌ા	સ	ઘ	ન	બ	ર
ય	ઝ	છ	ખ	મ	ગ	પ	◌ા	ત	◌ો	◌ે	ચ	ષ	◌્	◌ે	◌િ
ન	સ	◌ો	◌ી	◌્	જ	ણ	ફ	ભ	ર	જ	ભ	◌ી	ઝ	ક	સ
ર	◌્	ડ	ત	◌િ	ર	◌ા	◌ં	ક	◌્	◌્	ત	ઉ	◌ા	◌્	◌ૃ
જ	◌ં	ય	ણ	ર	સ	◌િ	ભ	અ	મ	ર	ઢ	દ	ઈ	ટ	પ
◌્	ઊ	ગ	◌ુ	ફ	◌ે	◌ૌ	ડ	ત	◌ો	ક	ગ	શ	મ	◌ે	◌ૂ
અ	ડ	જ	સ	ર	લ	◌ૌ	ઈ	દ	ન	દ	ઢ	ગ	◌ા	ર	◌ો
◌ા	ટ	◌ૌ	ઝ	◌ૂ	◌ો	ક	◌ુ	દ	ર	ત	◌ી	લ	◌ં	◌િ	મ
ન	ફ	◌ો	ઊ	બે	ત	ન	ક	◌ો	લ	◌ે	જ	ન	◌્	ય	સ
ત	સ	સ	◌્	ત	ન	◌્	સ	હ	જ	◌ી	વ	ન	◌ે	◌ા	આ
◌ં	ઢ	ઢ	◌ો	ભ	ઘ	ઝ	ર	પ	ર	◌િ	વ	ર	◌્	ત	ન
ત	ક	◌ૂ	ધ	એ	ન	◌ા	ટ	◌ો	મ	◌ી	◌ૌ	પ	ન	જ	અ
◌ુ	ઈ	ઘ	ટ	◌ો	◌ા	બ	ધ	◌ા	◌્	ઈ	◌ો	ટ	◌ૃ	ળ	◌ં
◌્	ઉ	ણ	◌ી	ર	આ	ઈ	અ	◌િ	ગ	ખ	◌ા	ચ	ઉ	ભ	લ
પ	◌્	ર	◌ો	ટ	◌ી	ન	ધ	ફ	ભ	ઠ	ઠ	થ	ફ	ઢ	ડ

એનાટોમાં
બેક્ટેરિયા
સેલ
રંગસૂત્ર
કોલેજન
ગર્ભ
એન્ઝાઇમ
ઉત્ક્રાંતિ
હોર્મોન
સસ્તન
પરિવર્તન
કુદરતી
જ્ઞાનતંતુ
ન્યુરોન
અભિસરણ
છોડ
પ્રોટીન
સરિસૃપ
સહજીવન
ચેતોપાગમ

77 - Professions #2

ધ	ક	ગ	થ	શ	અ	ગ	◌ે	◌ં	ચ	◌ો	ઉ	◌ે	શ	જ	ભ
ભ	સ	ર	ક	◌ા	ર	◌્	ત	પ	વ	હ	વ	અ	◌િ	◌ી	◌ા
અ	ત	◌ૌ	◌ૂ	◌ં	ઈ	ર	લ	ય	ટ	ઈ	ફ	ભ	ક	વ	ષ
પ	◌્	ગ	ગ	ત	ર	◌ં	ઈ	ળ	◌ી	◌ા	મ	ઝ	◌્	વ	◌ા
ફ	ક	વ	સ	ગ	ક	થ	બ	થ	ક	ધ	◌ો	શ	ષ	◌િ	શ
પ	◌િ	ઈ	ગ	બ	◌ા	પ	ઈ	ઈ	◌્	◌ુ	ન	અ	ક	જ	◌ા
દ	ચ	ઝ	ર	ફ	ર	◌ા	ગ	◌્	ટ	◌ો	◌ો	ફ	ધ	◌્	સ
પ	◌િ	ઢ	◌િ	ધ	ત	લ	પ	ખ	◌ે	ડ	◌ૂ	ત	ન	ગ	◌્
જ	ત	ગ	જ	શ	◌્	ફ	ટ	◌ો	◌િ	◌ા	ઈ	અ	ઊ	◌ા	ત
ઢ	◌ં	જ	ન	હ	◌િ	◌ૃ	◌િ	◌ુ	ડ	ર	આ	ષ	પ	ન	◌્
◌ો	દ	◌ૃ	ઈ	અ	ચ	ય	ક	લ	◌ૌ	◌ો	◌િ	ભ	◌ા	◌ી	ર
સ	◌ં	શ	◌ો	ધ	ક	◌ા	ન	ક	સ	ઈ	◌ં	◌ા	ઈ	ગ	◌ી
બ	મ	ઝ	પ	સ	ર	◌્	જ	ન	ચ	◌ૂ	જ	થ	લ	◌િ	ડ
અ	વ	ક	◌ા	શ	ય	◌ા	ત	◌્	ર	◌ી	ફ	ન	ટ	ઘ	બ
ર	સ	◌ા	ય	ણ	શ	◌ા	સ	◌્	ત	◌્	ર	◌ી	◌ે	ણ	શ
વ	◌ા	◌્	◌ૌ	ઢ	ઉ	છ	◌ૃ	◌ૃ	ઊ	ડ	ખ	◌ૃ	ધ	ર	ખ

અવકાશયાત્રી
જીવવિજ્ઞાની
રસાયણશાસ્ત્રી
દંત ચિકિત્સક
ડિટેક્ટીવ
ઇજનેર
ખેડૂત
માળી
શોધક
પત્રકાર
ગ્રંથપાલ
ભાષાશાસ્ત્રી
ચિત્રકાર
ફિલસૂફ
ફોટોગ્રાફર
ફિઝિશિયન
પાઇલટ
સંશોધક
સર્જન
શિક્ષક

78 - Mythology

ર	ફ	◌ી	◌ા	◌ૂ	ષ	બ	◌ે	◌ા	ર	ઢ	વ	લ	◌િ	◌િ	આ
મ	ઓ	ત	◌ા	વ	◌ે	દ	સ	ગ	ટ	મ	ર	◌ા	ઉ	ચ	પ
થ	◌ા	ક	ત	◌ં	દ	લ	સ	ર	સ	હ	◌્	ઈ	છ	જ	ત
ન	◌ો	ન	◌ૌ	ઊ	ટ	◌ો	વ	◌્	◌્	◌ી	ત	ટ	ભ	ન	◌્
મ	ટ	ટ	◌્	શ	ઈ	ન	◌ે	વ	ન	જ	ન	ન	◌ુ	ષ	ત
અ	◌ા	ષ	દ	ય	જ	◌ો	ણ	◌્	◌્	હ	ન	◌િ	લ	સ	◌િ
ઈ	મ	ષ	સ	◌ા	ત	ભ	બ	સ	◌ો	◌ી	ઢ	◌ં	ભ	◌ં	ર
અ	ખ	◌ી	◌ૃ	ષ	ગ	◌ા	બ	◌િ	મ	ર	ત	ગ	◌ુ	સ	ન
ષ	ણ	ળ	આ	◌્	ખ	ટ	ઓ	◌ૌ	ઉ	◌ો	◌્	થ	લ	◌્	ધ
ઢ	◌ો	ઉ	પ	◌્	દ	ઊ	વ	ડ	ઈ	◌ૂ	ઝ	થ	◌ા	ક	ગ
શ	ળ	ણ	◌ી	ર	◌ા	◌્	પ	ડ	ર	ન	સ	ઊ	મ	◌ૃ	વ
શ	ચ	ક	જ	ઈ	અ	મ	ર	ત	◌્	વ	શ	ચ	ણ	ત	◌ો
વ	વ	◌ૂ	ધ	◌ૌ	◌ં	બ	◌ૂ	ટ	◌ૃ	વ	◌ી	◌્	◌ી	◌િ	ર
પ	◌્	ર	ક	◌ા	ર	ઠ	◌ી	ટ	લ	ય	◌ી	ટ	વ	ટ	◌િ
છ	◌ુ	શ	મ	◌્	◌ો	ફ	દ	ત	ઈ	મ	◌ૂ	ધ	◌િ	ર	ય
ઊ	ટ	ગ	ર	◌્	જ	ન	◌ા	◌ૃ	◌ં	ર	◌ી	◌ી	ળ	◌ી	ર

પ્રકાર
વર્તન
માન્યતાઓ
સર્જન
પ્રાણી
સંસ્કૃતિ
દેવતાઓ
આપત્તિ
સ્વર્ગ
હીરો
અમરત્વ
ઈર્ષ્યા
ભુલભુલામણી
દંતકથા
લાઈટનિંગ
મોન્સ્ટર
નશ્વર
બદલો
ગર્જના
વોરિયર

79 - Agronomy

શ	ખ	ળ	વ	ગ	ગ	ઊ	લ	ે	ઈ	ો	ગ	ૂ	ૂ	ઈ	મ
ય	ો	બ	ષ	િ	બ	ણ	ર	વ	ય	ા	્	ર	પ	ક	આ
વ	ભ	ઠ	લ	ભ	જ	ો	ટ	્	અ	ણ	ર	ી	ડ	ો	છ
ગ	ૃ	મ	ો	ટ	સ	્	િ	સ	જ	વ	ા	ઝ	ણ	લ	મ
અ	ભ	્	ય	ા	સ	આ	ઞ	ી	ફ	ા	મ	ૌ	ૃ	ો	ખ
ધ	ત	આ	ષ	ભ	ત	જ	ૃ	ા	ણ	ો	્	ઉ	મ	જ	ા
છ	ુ	ફ	ભ	ઈ	બ	ી	જ	ઈ	ન	ધ	ય	ત	િ	ી	ત
આ	ે	ઘ	ે	ષ	લ	ભ	ે	ડ	બ	થ	ઠ	્	ય	ગ	ર
ન	આ	જ	ઠ	ો	ડ	ા	ઉ	ખ	જ	જ	બ	પ	ઠ	ત	ં
છ	ં	િ	ષ	િ	ૃ	ક	ન	િ	બ	ર	્	ા	ક	ં	ો
છ	ગ	શ	ૃ	ય	ઝ	ા	શ	ો	શ	અ	ો	દ	ક	ચ	ડ
ખ	ો	ર	ા	ક	ઠ	શ	ટ	ભ	ક	જ	ૂ	ન	ફ	ધ	ત
ઉ	ો	થ	ુ	ગ	ગ	ષ	ઢ	ઝ	ૃ	ુ	ગ	ક	દ	ધ	ક
ઢ	ર	ત	વ	જ	લ	ઠ	્	ી	ધ	ૌ	ઘ	ુ	ય	ગ	ચ
પ	્	ર	દ	ૂ	ષ	ણ	ી	ા	પ	લ	દ	ષ	ા	ચ	મ
ો	લ	ગ	ટ	ણ	ા	ૌ	દ	બ	દ	ી	આ	ળ	ે	બ	ખ

કૃષિ
રોગો
ઇકોલોજી
ઊર્જા
પર્યાવરણ
ધોવાણ
ખેતી
ખાતર
ખોરાક
કાર્બનિક
છોડ
પ્રદૂષણ
ઉત્પાદન
ગ્રામ્ય
વિજ્ઞાન
બીજ
અભ્યાસ
સિસ્ટમો
શાકભાજી
પાણી

80 - Garden

ન	◌ી	◌ં	દ	ણ	મ	જ	હ	ફ	ઈ	ફ	વ	પ	દ	◌ો	◌િ
ઘ	ડ	ઠ	ય	ષ	ભ	◌ા	લ	ઈ	◌ૂ	◌ૌ	◌ૃ	◌ા	◌ા	◌્	◌ૌ
◌ૉ	◌ૉ	ક	ફ	ફ	અ	ભ	ટ	◌ે	ઉ	લ	ક	વ	◌ં	ઢ	ળ
આ	પ	લ	બ	ગ	◌ી	ચ	◌ો	◌ી	◌ં	ક	◌્	ડ	ત	◌ૂ	ટ
આ	ય	શ	◌્	ઉ	ચ	ન	ક	ક	પ	◌ે	ષ	◌ો	◌ી	ટ	ફ
ન	દ	ઈ	ડ	જ	ધ	◌્	ળ	ઘ	ડ	◌ા	વ	ઠ	ટ	◌ે	ભ
લ	◌ૉ	ન	ભ	ઊ	ટ	◌ે	◌ુ	ઈ	◌ં	ખ	ઈ	◌ે	હ	ર	વ
◌િ	ઠ	◌્	ચ	◌ૌ	શ	બ	ત	◌્	મ	ચ	ગ	ખ	ઠ	◌ે	ણ
પ	ગ	ણ	ઈ	ક	હ	ળ	વ	બ	◌ૂ	ઠ	પ	છ	ળ	સ	લ
◌ો	◌ે	ઘ	દ	ક	ખ	પ	◌ો	ફ	છ	વ	ગ	◌ુ	ષ	◌ા	ખ
મ	ર	◌ા	ઈ	◌ૂ	◌્	◌ૉ	◌ં	જ	છ	છ	શ	છ	લ	ઘ	ડ
◌્	◌ે	ઝ	ખ	ઈ	◌િ	ઊ	ચ	ઢ	◌ી	શ	ઝ	ષ	ઊ	◌ં	ન
ર	જ	બ	◌ુ	શ	ન	ત	◌ો	ગ	જ	◌ો	ત	ઢ	અ	ઢ	પ
◌ે	ઊ	ગ	ક	ક	ઊ	ફ	ત	◌ૉ	ઈ	◌ા	ળ	ષ	ષ	ઊ	ઠ
◌્	હ	ઊ	થ	છ	ઉ	થ	ઠ	ત	દ	ધ	◌ા	ગ	◌ા	ઠ	ગ
ટ	◌ી	◌ો	ટ	ઉ	થ	◌ૉ	ખ	◌ૉ	બ	◌ં	વ	◌ૌ	ટ	◌ૂ	ઈ

બેન્ચ
બુશ
વાડ
ફૂલ
ગૅરેજ
બગીચો
ઘાસ
ટોટી
લૉન
તળાવ
મંડપ
દાંતી
ખડકો
પાવડો
માટી
ટેરેસ
ટ્રૅમ્પોલિન
વૃક્ષ
નીંદણ

81 - Diplomacy

સ	ં	ધ	િ	ન	મ	ન	ભ	વ	મ	ખ	ર	ા	ક	હ	સ
ગ	ઠ	આ	વ	ખ	ી	ા	ે	ડ	ય	ય	ા	્	ન	િ	હ
સ	ઝ	ર	અ	ળ	પ	ત	ન	ે	ધ	્	જ	ૃ	જ	િ	થ
ુ	ઉ	ા	ા	ો	દ	હ	િ	વ	ટ	ય	દ	ા	ુ	મ	સ
ર	જ	ક	ે	વ	્	ન	અ	શ	ત	ળ	ૂ	ઈ	્	ચ	જ
ક	ર	ર	ગ	દ	ચ	્	ખ	્	ા	ા	ત	ઊ	ભ	ણ	ગ
્	ા	સ	ચ	ુ	શ	ર	ં	લ	આ	સ	વ	પ	ય	અ	ળ
ષ	જ	ઉ	ક	ે	લ	ે	ડ	છ	ઢ	વ	્	ા	આ	ય	દ
ા	ક	ં	પ	ૌ	ઉ	ુ	િ	ન	થ	ા	ો	ત	દ	ર	શ
સ	ા	ઊ	લ	છ	વ	ટ	ત	ા	ં	ત	ર	ષ	્	ી	લ
લ	ર	જ	ષ	ળ	્	ટ	ત	ગ	ચ	ા	્	ર	ચ	ર	ભ
ા	ણ	ી	લ	છ	ૂ	લ	ા	ર	ટ	ૂ	ે	્	ા	થ	લ
હ	શ	ૂ	ઊ	ે	ૌ	ફ	ો	િ	ઉ	દ	બ	ઘ	દ	છ	ય
ક	ો	ર	િ	ગ	ા	ન	આ	ક	ા	ા	ટ	ં	ત	વ	ો
ા	ખ	આ	ઝ	ળ	ક	હ	ટ	ગ	વ	ઈ	ઝ	સ	લ	ચ	ી
ર	ી	વ	ા	દ	્	જ	ા	ર	ર	ઈ	ચ	હ	ધ	ફ	થ

સલાહકાર
રાજદૂત
નાગરિકો
નાગરિક
સમુદાય
સંઘર્ષ
સહકાર
રાજદ્વારી
ચર્ચા
દૂતાવાસ
નીતિશાસ્ત્ર
સરકાર
માનવતાવાદી
અખંડિતતા
ન્યાય
રાજકારણ
ઠરાવ
સુરક્ષા
ઉકેલ
સંધિ

82 - Countries #1

ખ	વ	ખ	ઊ	ચ	મ	◌ં	પ	પ	◌ો	ણ	આ	ઈ	દ	લ	પ
ધ	◌ે	દ	ઘ	ઊ	ઘ	ન	ઢ	ન	◌ી	મ	◌્	ર	જ	ય	◌ો
ડ	ન	◌્	લ	◌ે	ન	◌િ	ફ	◌ા	લ	◌િ	બ	◌િ	ય	◌ા	લ
ક	◌ે	ન	ર	ચ	ય	શ	મ	મ	◌ી	◌ૂ	છ	ઉ	થ	ર	◌ે
◌ે	ઝ	છ	◌િ	દ	આ	અ	ઊ	◌ા	◌ા	ત	પ	સ	ષ	ઝ	ન
ન	◌ુ	મ	બ	ક	◌ા	ર	ઈ	અ	ટ	ચ	◌ૃ	થ	ખ	ઈ	◌્
◌ે	એ	ઈ	છ	◌્	◌ા	◌િ	◌ા	ળ	ઈ	ખ	સ	ય	આ	ટ	ડ
ડ	લ	ઊ	જ	ર	ર	ર	મ	◌ો	ર	◌ો	ક	◌્	ક	◌ો	ર
◌ા	◌ા	◌્	◌ી	◌િ	ન	◌ા	◌ા	લ	◌ે	ટ	વ	◌િ	ય	◌ા	◌ો
◌ા	ખ	ભ	◌ૂ	◌ો	પ	◌ૃ	ઝ	ગ	◌્	ઊ	પ	ઉ	આ	ખ	મ
ન	◌ો	ર	◌્	વ	◌ે	◌્	દ	◌િ	◌ુ	ખ	ર	અ	ઝ	હ	◌ા
ઠ	◌ો	ઈ	ત	ર	◌્	જ	ત	ચ	લ	આ	ર	ચ	◌્	થ	ન
ક	ધ	ધ	◌ૃ	ફ	સ	વ	◌િ	ય	◌ે	ત	ન	◌ા	મ	ઘ	◌િ
ક	ન	ઢ	◌ા	પ	ધ	ઉ	છ	લ	સ	◌ે	ન	◌ે	ગ	લ	ય
ફ	ઠ	મ	ટ	હ	ધ	ઢ	ફ	◌ૃ	◌ા	અ	ક	◌ૌ	લ	◌ે	◌ા
ય	◌ો	ઘ	◌્	ધ	ઠ	◌ો	આ	ઊ	ખ	થ	ઈ	દ	◌્	ઠ	ષ

બ્રાઝિલ
કેનેડા
ઇજિપ્ત
ફિનલેન્ડ
જર્મની
ઇરાક
ઈઝરાયલ
ઇટાલી
લેટવિયા
લિબિયા
મોરોક્કો
નિકારાગુઆ
નોર્વે
પનામા
પોલેન્ડ
રોમાનિયા
સેનેગલ
સ્પેન
વેનેઝુએલા
વિયેતનામ

83 - Adjectives #1

બ	દ	પ	મ	બ	◌ં	◌ૌ	ય	સ	ઢ	વ	સ	ન	ખ	પ	મ
મ	હ	ત	◌્	વ	◌ા	ક	◌ા	◌ં	ક	◌્	ષ	◌ી	ઝ	ઊ	◌ૂ
ય	ડ	ય	ય	ણ	ષ	◌િ	સ	ગ	ક	ન	ઈ	ખ	◌િ	વ	લ
◌ા	ખ	ય	ગ	અ	ડ	મ	ષ	મ	ણ	ત	◌િ	◌ં	ઉ	◌ૂ	◌્
◌્	◌્	ભ	હ	◌ૃ	દ	હ	ટ	દ	◌િ	◌ો	ઈ	◌ુ	◌ી	જ	ય
શ	મ	◌ા	છ	ણ	ઘ	ત	વ	દ	મ	લ	હ	જ	ધ	બ	વ
◌ો	ઠ	ર	◌ૂ	ઈ	જ	◌્	◌ા	ર	◌ા	દ	ઉ	ટ	ઈ	આ	◌ા
પ	ન	◌ે	ભ	ઈ	ણ	વ	ઈ	◌ૂ	ર	ધ	ષ	ન	ત	થ	ન
આ	◌ા	લ	ર	◌ો	ર	પ	લ	પ	◌્	ઈ	શ	ઈ	◌ં	◌ં	ઠ
ક	મ	ત	ળ	સ	◌્	◌ૂ	છ	ક	પ	ણ	ઈ	ન	ચ	ઈ	ધ
ર	સ	ધ	ળ	ઘ	પ	ર	દ	ર	ભ	◌ી	◌ં	ગ	ખ	ઉ	વ
◌્	થ	◌િ	ઊ	◌ુ	◌ૂ	◌્	ક	દ	ક	લ	◌ા	ત	◌્	મ	ક
ષ	◌ો	ગ	ચ	લ	◌ં	ણ	ખ	◌ં	◌્	છ	વ	ખ	◌ા	ધ	ગ
ક	◌ૂ	◌ં	હ	ન	સ	ઈ	સ	◌ુ	◌ુ	દ	સ	સ	◌ૌ	ઢ	◌ે
જ	◌ં	◌ુ	ધ	◌ી	મ	◌ુ	◌ં	સ	શ	◌ી	દ	◌ે	◌િ	વ	ષ
સ	ઊ	સ	ડ	હ	◌ુ	સ	ળ	જ	શ	ઈ	ઝ	આ	ચ	ધ	હ

સંપૂર્ણ
મહત્વાકાંક્ષી
સુગંધિત
કલાત્મક
આકર્ષક
સુંદર
શ્યામ
વિદેશી
ઉદાર
ખુશ
ભારે
મદદરૂપ
પ્રમાણિક
સમાન
મહત્વપૂર્ણ
આધુનિક
ગંભીર
ધીમું
પાતળું
મૂલ્યવાન

84 - Global Warming

ળ	ટ	પ	જ	ન	મ	◌ા	પ	◌ા	ત	ઘ	દ	ર	◌ૌ	◌ં	આ
◌ૌ	મ	ર	◌ા	ક	ર	સ	ર	હ	દ	ટ	ળ	ન	ઊ	ઉ	ર
◌ં	◌ુ	◌િ	◌ૂ	શ	ઈ	વ	◌્	ધ	◌્	ય	◌ા	ન	ર	દ	◌્
ઈ	ટ	ણ	◌ો	◌ા	દ	◌ો	ય	◌ા	ક	◌િ	આ	થ	◌્	◌્	ક
ત	◌ી	◌ા	ક	ન	◌િ	ઞ	◌ા	જ	◌્	◌ૈ	વ	◌ા	જ	ય	ટ
ઠ	ક	મ	◌ે	ટ	ફ	◌ુ	વ	◌ા	હ	◌ો	બ	આ	◌ા	◌ો	◌િ
◌ો	◌ો	◌ો	ણ	ડ	ત	ણ	ર	ડ	ઈ	ઠ	ઉ	જ	◌ૃ	ગ	ક
◌ે	ટ	ણ	ઈ	◌ા	આ	ઘ	ણ	ર	◌ે	ઉ	દ	મ	ષ	◌ા	ત
હ	ક	ભ	ઊ	ક	ઓ	ઢ	◌ી	◌ે	પ	વ	દ	ઊ	ડ	ચ	આ
ઢ	ખ	ગ	◌ં	ળ	ભ	◌ં	ય	ટ	ઉ	ઝ	◌િ	છ	ગ	◌ો	◌ૌ
છ	સ	◌િ	ગ	◌ો	ળ	વ	◌ો	ષ	ગ	પ	◌ં	ક	હ	વ	◌ે
આ	◌ં	ત	ર	ર	◌ા	ષ	◌્	ટ	◌્	ર	◌ી	ય	◌ા	ધ	◌ૌ
ઉ	ભ	વ	◌િ	ષ	◌્	ય	સ	ઈ	ય	ટ	ભ	શ	ઝ	સ	બ
◌ો	ન	ન	◌ુ	વ	છ	છ	ષ	ષ	ઝ	◌ે	વ	સ	◌્	ત	◌ી
દ	ષ	બ	ળ	ઠ	ઢ	◌ુ	જ	ભ	ઘ	◌ં	ટ	ઢ	◌ે	ઝ	ળ
જ	થ	પ	ળ	થ	◌ં	◌ૂ	◌ૂ	છ	ષ	ઈ	ત	ઘ	◌્	ગ	ટ

આર્કટિક
ધ્યાન
આબોહવા
પરિણામો
કટોકટી
ડેટા
વિકાસ
ઊર્જા
પર્યાવરણીય
ભવિષ્ય
ગેસ
પેઢીઓ
સરકાર
ઉદ્યોગ
આંતરરાષ્ટ્રીય
કાયદો
હવે
વસ્તી
વૈજ્ઞાનિક
તાપમાન

85 - Landscapes

ક	શ	◌ં	ઢ	જ	શ	ગ	દ	ક	સ	ઈ	ઈ	શ	બ	◌ી	ચ
થ	જ	આ	◌ૃ	ત	◌્	ત	◌્	ભ	◌ા	મ	◌ો	ચ	મ	◌ં	ચ
◌ૉ	ન	છ	ત	ઝ	આ	વ	ફ	લ	અ	◌ૌ	◌ુ	જ	ધ	જ	જ
ગ	◌ુ	દ	ઘ	◌્	◌િ	◌્	◌ા	ક	◌ે	ગ	ર	દ	ક	ગ	◌્
ટ	◌ા	પ	◌ુ	ઊ	ણ	ર	◌ુ	ળ	ડ	શ	ઘ	ટ	◌્	◌્	◌ી
ત	ળ	◌ા	વ	ઉ	◌ી	પ	ગ	ષ	◌ા	જ	◌િ	આ	લ	ર	ન
શ	◌ૌ	ધ	◌ુ	છ	ખ	◌્	ટ	ઉ	ખ	મ	થ	ય	◌્	બ	દ
સ	◌્	વ	◌ે	મ	◌્	પ	ઘ	ત	ભ	દ	◌ુ	ટ	ર	સ	◌ી
◌ા	હ	છ	જ	◌્	ઘ	ફ	ફ	લ	ઈ	◌્	છ	ખ	ઝ	ઈ	જ
ટ	◌ુ	◌ં	ડ	◌્	ર	◌ી	ક	◌ે	ટ	વ	◌િ	◌ી	◌ી	આ	ષ
ચ	ન	થ	ગ	◌ૉ	ગ	ષ	ળ	◌ી	ચ	◌ી	◌ૃ	આ	ગ	◌ો	હ
ગ	ઘ	ઊ	ઈ	◌િ	સ	◌િ	સ	એ	ઓ	પ	ઘ	◌િ	ટ	ટ	ઘ
ઈ	ન	◌ૂ	વ	દ	◌ા	ક	ઘ	ણ	◌ી	ક	બ	ધ	ગ	ળ	◌ૃ
ષ	વ	ફ	દ	થ	◌ા	ધ	◌ો	ધ	ળ	લ	શ	◌ી	દ	ય	◌ી
લ	ટ	◌ૉ	◌ો	◌િ	હ	સ	છ	◌ે	ન	◌્	હ	ષ	ઊ	ઉ	◌િ
સ	ચ	◌ુ	◌ા	ઢ	મ	◌ો	ઘ	હ	ભ	પ	ડ	ર	છ	દ	ઈ

બાંચ
ગુફા
રણ
ગીઝર
ગ્લેશિયર
ટેકરી
આઇસબર્ગ
ટાપુ
તળાવ
પર્વત

ઓએસિસ
મહાસાગર
દ્વીપકલ્પ
નદી
સમુદ્ર
સ્વેમ્પ
ટુંડ્ર
ખીણ
જ્વાળામુખી
ધોધ

86 - Plants

આ	અ	◌ુ	ઢ	વ	બ	ઢ	◌્	થ	◌ં	◌ી	◌ા	છ	◌ુ	સ	ખ
ર	ઈ	ષ	ચ	◌ા	ચ	દ	ફ	◌ે	ત	વ	આ	છ	છ	અ	◌ં
ત	◌ુ	વ	◌ો	◌ં	◌ૂ	મ	વ	ભ	મ	બ	◌ે	ટ	બ	દ	વ
◌ા	ઈ	ટ	◌ી	સ	◌ો	મ	ભ	છ	આ	લ	ણ	ષ	મ	હ	ગ
ખ	ટ	ર	ગ	આ	વ	ન	સ	◌્	પ	ત	◌િ	ઢ	◌ૃ	અ	ખ
ક	લ	◌િ	બ	◌ં	ઈ	◌ુ	આ	ખ	મ	ળ	ક	ઝ	વ	ઠ	બ
ડ	લ	ન	◌ુ	ઠ	◌ો	અ	શ	◌ો	ક	ણ	◌ે	ટ	ઘ	ન	ક
ષ	ક	◌્	◌ૃ	વ	ન	ત	ખ	◌ી	◌ૌ	પ	◌ં	હ	ય	શ	ઢ
ત	મ	ઠ	◌ે	ઠ	◌ી	ઉ	સ	ભ	ણ	મ	ળ	છ	ક	◌્	ઠ
◌ૌ	જ	ઢ	બ	ડ	બ	બ	◌ે	ર	◌ી	◌ો	◌િ	◌ો	ડ	ભ	દ
◌્	◌ો	◌ૌ	◌ુ	સ	◌ો	ઝ	◌્	ઘ	મ	◌િ	ઢ	ચ	◌ી	ઈ	ઝ
◌ુ	◌ં	◌ૌ	શ	ઊ	આ	ણ	ક	બ	ટ	ડ	ઈ	ય	ખ	ખ	ન
બ	◌્	લ	◌ો	સ	મ	આ	લ	ઈ	◌ે	ર	ભ	સ	◌ં	ન	ન
છ	◌િ	મ	ત	ઘ	ઈ	લ	◌ૂ	ફ	◌્	લ	◌ો	ર	◌ા	ઢ	◌ે
ળ	ગ	◌ે	ય	ન	◌ે	હ	મ	◌ૂ	સ	ણ	◌્	ર	પ	ઘ	ઠ
◌ો	ર	ણ	શ	હ	ળ	ક	◌ે	ક	◌્	ટ	સ	◌િ	લ	ક	ન

વાંસ
બીન
બેરી
બ્લોસમ
બુશ
કેક્ટસ
ખાતર
ફ્લોરા
ફૂલ
પર્ણસમૂહ

વન
બગીચો
ઘાસ
આઇ.વી.આઇ.
મોસ
પાંખડી
રુટ
સ્ટેમ
વૃક્ષ
વનસ્પતિ

87 - Countries #2

મ	◌ે	ક	◌્	સ	◌િ	ક	◌ો	◌ૂ	◌ૉ	◌િ	◌ે	સ	ઓ	◌ા	લ
પ	ખ	ય	◌ા	ર	◌િ	બ	◌ે	ઈ	◌ા	લ	પ	◌ો	થ	◌ં	ળ
◌ા	ઈ	થ	ઉ	◌ી	જ	ડ	◌ૉ	વ	ન	◌ૌ	ખ	મ	ફ	ક	ણ
ક	આ	બ	ફ	◌્	ગ	◌ા	◌ે	સ	પ	મ	ય	◌ા	◌િ	શ	ર
◌િ	ષ	આ	ફ	ગ	ડ	ઈ	પ	ન	શ	લ	અ	લ	ખ	ઈ	ય
સ	જ	મ	◌ૈ	ક	◌ા	ભ	ઘ	◌ા	મ	ય	ય	◌િ	◌ૂ	થ	◌ુ
◌્	ડ	ધ	ખ	અ	◌્	દ	ર	ષ	ન	◌ા	◌ો	ય	દ	◌ો	ક
ત	◌ા	ધ	ખ	ક	લ	ફ	ત	◌ૂ	દ	ર	ર	◌ા	આ	પ	◌્
◌ા	ન	◌ો	◌િ	ષ	થ	◌્	ખ	ઊ	◌ા	◌િ	પ	◌્	દ	◌િ	ર
ન	◌્	◌ૃ	ષ	ઈ	ન	શ	બ	હ	◌ુ	◌ી	◌ુ	◌ૂ	ક	ય	◌ે
ખ	ગ	◌ા	ન	ત	ઈ	થ	◌ી	◌ે	સ	સ	વ	મ	છ	◌ા	ન
ન	◌ા	ઈ	જ	◌ી	ર	◌ી	ય	◌ા	ન	ન	◌ો	બ	◌ે	લ	◌ુ
ફ	◌ુ	પ	ષ	◌ૈ	ણ	◌ૃ	ય	આ	આ	◌િ	◌ી	ઈ	ઢ	વ	ઈ
પ	ય	ભ	મ	હ	ઊ	◌ૌ	◌ુ	જ	ઠ	હ	ય	◌ા	ઊ	◌ી	છ
અ	◌ં	ખ	પ	વ	ળ	જ	◌ે	મ	ઘ	ળ	પ	◌ા	◌ે	ન	ચ
ઈ	અ	ત	◌ૌ	ઉ	ષ	ઘ	ધ	◌ૌ	ચ	લ	◌ૉ	ળ	ઈ	◌ી	ઈ

અલ્બાનિયા
ડેનમાર્ક
ઇથોપિયા
ગ્રીસ
હૈતી
જમૈકા
જાપાન
લાઓસ
લેબનોન
લાઇબેરિયા

મેક્સિકો
નેપાળ
નાઇજીરીયા
પાકિસ્તાન
રશિયા
સોમાલિયા
સુદાન
સીરિયા
યુગાન્ડા
યુક્રેન

88 - Ecology

પ	◌્	ર	◌ા	ણ	◌ી	સ	◌ૃ	ષ	◌્	ટ	◌િ	સ	ભ	હ	ણ
વ	◌િ	વ	◌િ	ધ	આ	બ	◌ો	હ	વ	◌ા	મ	ર	◌ો	◌્	ધ
ટ	ઈ	મ	ર	◌ી	ન	થ	ચ	◌િ	ઉ	◌ૃ	ય	◌્	ક	ષ	થ
સ	◌્	વ	ય	◌ં	સ	◌ે	વ	ક	◌ો	ત	◌ો	વ	◌્	ર	પ
ળ	ટ	◌ી	ર	◌ો	◌ૃ	વ	ફ	ઢ	ઊ	ઝ	દ	◌ા	ર	ઈ	◌ી
પ	◌્	ર	ક	◌ૃ	ત	◌િ	◌્	ઠ	સ	ત	◌ા	ઈ	અ	◌્	ય
વ	ન	સ	◌્	પ	ત	◌િ	લ	મ	ડ	◌ુ	◌ુ	વ	◌ી	◌ી	◌ૃ
લ	ડ	લ	ગ	સ	લ	ધ	◌ો	ફ	◌ા	હ	મ	લ	ગ	મ	ષ
ટ	ણ	વ	છ	◌ો	ડ	◌ં	ર	◌ો	ગ	ર	સ	ભ	ટ	ઊ	ષ
વ	ઠ	બ	◌્	◌્	વ	ઉ	◌ા	ક	ન	ન	◌્	◌િ	હ	ડ	ર
ક	◌ો	ભ	ળ	ઈ	જ	બ	ન	ક	ક	વ	◌િ	શ	◌્	◌ૈ	વ
◌ો	◌ુ	ય	◌ુ	લ	ળ	ન	◌િ	વ	◌ા	સ	સ	◌્	થ	◌ા	ન
ઠ	◌િ	દ	ન	છ	ટ	ક	◌ા	ઉ	જ	ષ	◌ે	બ	આ	છ	અ
ગ	હ	થ	ર	ઉ	◌િ	ત	◌ા	ધ	વ	◌િ	◌િ	વ	થ	ધ	ખ
◌ં	ખ	પ	બ	ત	દ	ટ	ગ	◌ુ	સ	◌ં	સ	◌ા	ધ	ન	◌ો
ઠ	ણ	દ	થ	મ	◌ી	વ	બ	ળ	દ	◌િ	ચ	◌ૂ	ઠ	◌ો	સ

આબોહવા
સમુદાયો
વિવિધતા
દુકાળ
પ્રાણીસૃષ્ટિ
ફ્લોરા
વૈશ્વિક
નિવાસસ્થાન
મરીન
માર્શ
પર્વતો
કુદરતી
પ્રકૃતિ
છોડ
સંસાધનો
સર્વાઇવલ
ટકાઉ
વિવિધ
વનસ્પતિ
સ્વયંસેવકો

89 - Adjectives #2

ન	થ	ઈ	પ	પ	ઘ	છ	જ	ક	ય	ન	લ	ફ	સ	પ	ગ
ષ	◌િ	◌ૂ	ફ	થ	ભ	ઠ	વ	ઈ	◌ે	ક	◌ો	◌્	ન	◌્	ર
ભ	હ	દ	અ	ઈ	◌ી	ય	◌ા	ખ	◌્	◌ૂ	ભ	ઠ	આ	ર	મ
ત	◌ો	વ	◌્	ખ	ભ	ન	બ	લ	મ	જ	બ	◌ૂ	ત	ખ	◌ો
ળ	શ	ધ	ક	ર	ઘ	ઈ	દ	ટ	વ	દ	અ	થ	◌ો	◌્	◌ૌ
◌િ	◌િ	ત	ઠ	ટ	◌ા	અ	◌ા	ત	ટ	◌ુ	◌ૌ	◌ે	◌ં	ય	◌ો
ગ	ય	ખ	◌ી	ચ	મ	ધ	ર	દ	ણ	◌્	ણ	લ	ણ	◌ા	ક
ર	◌ા	ઢ	ઈ	મ	જ	ષ	◌ી	અ	ધ	◌િ	ક	◌ૃ	ત	ત	ઠ
◌્	ર	◌ો	વ	ધ	ભ	ળ	◌ા	ન	ઉ	ત	◌્	પ	◌ા	દ	ક
વ	સ	◌્	વ	સ	◌્	થ	ખ	◌ૂ	ન	લ	◌ી	ગ	◌ં	જ	ઝ
સ	ર	◌્	જ	ન	◌ા	ત	◌્	મ	ક	વ	ક	ર	જ	ઢ	ખ
◌ૂ	ડ	ડ	જ	અ	◌ી	ગ	◌ં	◌ૂ	ધ	પ	◌ુ	હ	દ	ધ	◌ા
◌ી	ફ	ઢ	ઘ	વ	◌ુ	જ	ઈ	ફ	ઊ	ત	ન	◌ં	ઊ	◌ુ	ર
દ	◌િ	◌્	પ	ઝ	હ	ચ	◌ુ	◌ો	ઈ	◌ે	વ	ઠ	ય	વ	ક
વ	ર	◌્	ણ	ન	◌ા	ત	◌્	મ	ક	ભ	વ	◌્	ય	વ	ખ
◌ો	પ	દ	ન	◌ં	ર	સ	પ	◌્	ર	દ	શ	◌ુ	ષ	◌્	ક

અધિકૃત
સર્જનાત્મક
વર્ણનાત્મક
શુષ્ક
ભવ્ય
પ્રખ્યાત
હોશિયાર
સ્વસ્થ
ગરમ
ભૂખ્યા

રસપ્રદ
કુદરતી
નવું
ઉત્પાદક
ગર્વ
જવાબદાર
ખારી
નિદ્રાધીન
મજબૂત
જંગલી

90 - Psychology

સ	ટ	ન	◌ૂ	◌ો	ફ	છ	જ	અ	◌ે	◌ુ	ધ	જ	દ	ણ	◌ુ
ન	મ	◌ુ	◌િ	ય	ઢ	હ	ળ	ન	ત	◌્	ર	વ	ક	થ	શ
ચ	ય	જ	ઝ	મ	ક	ઝ	જ	◌ુ	ડ	◌ૃ	ક	ટ	ય	શ	ઠ
ટ	ર	વ	શ	લ	ણ	ઝ	સ	ભ	ધ	◌ા	ર	ણ	◌ા	ટ	ઠ
શ	વ	ધ	લ	ક	ઝ	◌ૂ	◌ુ	વ	સ	◌ં	ઘ	ર	◌્	ષ	લ
ડ	ભ	ડ	◌ૂ	ધ	◌્	વ	ક	◌ો	ર	ચ	◌્	ક	ક	સ	સ
લ	◌ા	ગ	ણ	◌ી	ઓ	ત	◌ા	વ	ણ	પ	ળ	◌ા	બ	◌ં	મ
ક	ર	ત	◌ં	◌્	ઈ	◌્	◌િ	સ	ભ	અ	◌ો	◌ં	વ	વ	સ
◌્	◌્	ક	ત	◌ી	વ	ત	હ	થ	◌્	ઘ	મ	હ	ષ	◌ે	◌્
લ	પ	◌ી	ઝ	મ	શ	◌િ	વ	◌ં	ઈ	ત	ઊ	અ	ગ	દ	ય
◌િ	બ	◌ે	ભ	◌ા	ન	ક	◌િ	ઘ	ય	લ	વ	ફ	હ	ન	◌ા
ન	ઉ	થ	ય	ઘ	ઢ	◌્	ચ	◌ૃ	ણ	ફ	ચ	◌િ	◌ે	◌ા	વ
◌િ	ઉ	◌ે	બ	ન	ક	ય	◌ા	◌ં	લ	◌્	◌ૂ	મ	ક	◌ં	સ
ક	ઈ	◌ૂ	ભ	◌ૌ	◌ે	◌્	ર	◌ા	ચ	પ	ઉ	◌ા	ટ	ત	ઢ
લ	◌ુ	ષ	ઈ	◌ૃ	◌ી	વ	◌ો	ધ	બ	ત	ઈ	ભ	લ	ણ	◌ા
અ	ર	◌્	ધ	જ	◌ા	ગ	◌્	ર	ત	ડ	હ	ઊ	ષ	◌ૌ	સ

નિમણૂક
મૂલ્યાંકન
વર્તન
બાળપણ
ક્લિનિકલ
સમજશક્તિ
સંઘર્ષ
અહંકાર
લાગણીઓ
અનુભવો
પ્રભાવ
ધારણા
વ્યક્તિત્વ
સમસ્યા
વાસ્તવિકતા
સંવેદના
અર્ધજાગ્રત
ઉપચાર
વિચારો
બેભાન

91 - Activities

વ	વ	ઢ	ળ	ઈ	ઉ	ષ	◌ા	◌ો	◌િ	ઉ	ક	ઠ	ફ	બ	ઢ
ણ	ય	સ	◌ં	વ	◌ી	ળ	◌ે	ઝ	◌ં	ન	◌ે	ઈ	◌ો	◌ા	જ
◌ા	ત	◌િ	ત	◌્	વ	◌ૃ	ર	◌્	પ	સ	મ	◌ો	ટ	ગ	◌ૂ
ટ	◌્	ર	ક	◌ા	◌િ	શ	શ	ષ	ઠ	ણ	◌્	◌ં	◌ો	ક	ડ
ટ	◌ૃ	◌ા	ઝ	પ	લ	ધ	હ	◌ં	ઈ	ઈ	પ	ઊ	ગ	◌ા	ઢ
આ	ન	મ	મ	◌ે	શ	ય	સ	સ	ક	સ	◌િ	દ	◌્	મ	ઢ
આ	ચ	◌િ	◌ા	◌ા	લ	◌ં	◌ી	શ	◌્	◌ો	◌ં	આ	ર	વ	જ
ર	◌ં	ક	◌િ	ટ	છ	ડ	વ	ઠ	અ	ત	ગ	ય	◌ા	ઘ	ન
◌ા	◌ા	◌્	આ	ઊ	ઊ	◌ી	ણ	વ	બ	ઢ	ક	થ	ફ	મ	મ
મ	વ	સ	ન	સ	જ	ઈ	મ	સ	◌ૌ	ઢ	◌ં	લ	◌ી	◌ૃ	ટ
સ	ણ	ફ	◌ં	ડ	◌્	અ	◌ૃ	◌ા	ઈ	ઈ	ર	◌ે	◌ા	ય	શ
ક	ળ	◌ા	દ	ટ	ઉ	દ	ઢ	લ	ર	જ	મ	બ	વ	◌ૂ	ઈ
હ	◌ા	ઈ	ક	◌િ	◌ં	ગ	ર	વ	◌્	◌ી	ત	જ	◌ા	દ	◌ુ
◌ં	ભ	ર	◌ૂ	ક	◌ૌ	શ	લ	◌્	ય	ધ	◌ો	ક	લ	આ	ઈ
જ	ભ	છ	◌ુ	ષ	◌િ	ધ	ઘ	ટ	ખ	ભ	ળ	ખ	ડ	◌્	◌ા
છ	બ	અ	પ	ચ	ફ	ઈ	દ	◌ૌ	ઉ	ઊ	◌્	ઈ	◌ુ	પ	ર

પ્રવૃત્તિ
કળા
કેમ્પિંગ
સિરામિક્સ
હસ્તકલા
નૃત્ય
માછીમારી
રમતો
બાગકામ
હાઇકિંગ
શિકાર
વણાટ
લેઝર
જાદુ
ફોટોગ્રાફી
આનંદ
વાંચન
આરામ
સીવણ
કૌશલ્ય

92 - Money

લ	ય	શ	સ	ડ	ક	ળ	ખ	ટ	અ	અ	ડ	ફ	સ	◌ે	ઘ
ગ	◌્	ઠ	◌ે	ઢ	◌ો	ધ	◌ૃ	◌્	ર	ન	◌્	◌ા	ચ	ખ	લ
ઝ	◌ા	◌ે	અ	સ	ઘ	◌ુ	ન	ઝ	◌્	◌ૂ	લ	ઈ	ઘ	જ	◌ૃ
ક	◌ં	ર	ઢ	◌ે	દ	ઠ	ભ	ઝ	થ	દ	ષ	ન	ય	◌ો	ભ
◌ી	મ	◌ં	લ	ટ	◌ે	જ	બ	ક	ત	◌ં	વ	◌ા	◌ી	◌ી	ગ
ગ	ઈ	◌ા	ઊ	ઘ	વ	મ	ડ	◌ો	◌ં	ર	થ	ન	ણ	ત	ધ
ઘ	◌ં	અ	ણ	ષ	◌ુ	ઘ	◌િ	ય	ત	ત	ભ	◌્	ળ	થ	અ
ઢ	◌ી	ટ	લ	◌ી	◌ં	◌ૂ	સ	પ	◌્	◌્	◌ી	સ	સ	ઈ	છ
પ	ટ	ડ	ચ	◌ી	ઈ	ગ	◌્	ઈ	ર	સ	ક	ભ	સ	ઢ	બ
◌્	લ	◌િ	ક	મ	◌ો	ઈ	ક	ઈ	વ	◌્	◌ો	શ	◌્	અ	ફ
◌ુ	◌ે	ર	ક	◌ો	ન	ન	◌ા	અ	છ	શ	બ	ય	ત	શ	ઈ
આ	◌ો	◌ે	◌ા	ભ	ર	અ	ઉ	ણ	ચ	◌ા	◌ે	વ	◌ુ	થ	ઈ
દ	વ	◌્	◌્	થ	ત	ણ	ન	ફ	◌્	થ	◌ં	છ	◌ં	વ	ઊ
ઊ	જ	ક	લ	ચ	ઠ	ઈ	◌્	મ	ર	◌્	ક	ષ	ઈ	ય	ગ
ખ	◌્	◌્	ચ	બ	ચ	ત	ટ	ઈ	ખ	ર	ભ	◌ં	ડ	◌ો	ળ
સ	ધ	◌િ	ઝ	◌ુ	ત	આ	ત	દ	◌ં	અ	◌ો	◌ૌ	ઢ	હ	ભ

બેંક
બજેટ
રોકડ
સસ્તું
ક્રેડિટ
ચલણ
દેવું
ડિસ્કાઉન્ટ
કમાણી
અર્થશાસ્ત્ર
અર્થતંત્ર
ખર્ચ
ફાઇનાન્સ
ભંડોળ
આવક
વેચાણ
બચત
કર
વૉલેટ

93 - Business

એ	ત	ક	ઊ	સ	થ	ગ	આ	જ	ઢ	◌િ	◌ૂ	◌ૌ	પ	ર	◌ી
મ	મ	સ	◌ા	◌ૃ	છ	આ	મ	◌ે	હ	ઠ	ડ	હ	◌ુ	ધ	ટ
ર	◌ં	◌્	ક	ર	ક	ખ	મ	ભ	ચ	ઠ	વ	સ	◌ૌ	◌ૃ	ઈ
◌્	◌િ	ઈ	પ	જ	ક	ઊ	◌ી	સ	◌ે	◌ુ	◌ુ	◌ે	શ	ણ	ન
ચ	ક	ભ	થ	◌્	ય	◌િ	ડ	◌િ	ભ	ઊ	ગ	વ	ચ	ક	ય
◌ે	સ	મ	◌ા	ઢ	લ	ન	ર	સ	ન	◌્	ન	◌ા	ઈ	◌ા	ફ
ન	છ	◌િ	સ	અ	◌ો	◌ો	◌ા	◌્	ક	ખ	ક	આ	◌ો	◌ો	ણ
◌્	છ	લ	◌્	આ	ફ	◌ૂ	ય	ળ	દ	ન	◌ા	વ	ઉ	ર	લ
ડ	ઊ	ત	વ	ય	ક	ઉ	સ	ર	◌્	◌ી	◌ુ	ક	ક	◌ી	ચ
◌ા	પ	વ	ય	બ	જ	◌ે	ટ	પ	ખ	પ	દ	ળ	મ	ટ	ય
ઈ	ભ	◌ો	◌્	ણ	◌ં	દ	સ	ઈ	ઓ	◌ં	◌ી	લ	બ	ક	ળ
ઝ	દ	શ	વ	ર	◌ૃ	ણ	પ	◌ં	ફ	ક	◌ો	◌િ	ગ	◌્	ષ
ર	ક	◌ૃ	ન	ઢ	અ	ળ	◌ા	◌ો	◌િ	ર	◌ુ	પ	શ	◌ે	ગ
ક	ફ	ક	ટ	ન	◌્	ઉ	ક	◌ા	સ	◌્	◌િ	ડ	જ	ફ	ણ
પ	◌ૈ	સ	◌ા	અ	ર	◌્	થ	શ	◌ા	સ	◌્	ત	◌્	ર	ડ
ક	ર	◌્	મ	ચ	◌ા	ર	◌ી	◌્	ળ	ત	◌ૌ	જ	ત	ઊ	દ

બજેટ
કારકિર્દી
કંપની
કિંમત
ચલણ
ડિસ્કાઉન્ટ
અર્થશાસ્ત્ર
કર્મચારી
એમ્પ્લોયર
ફેક્ટરી

ફાઇનાન્સ
આવક
રોકાણ
વ્યવસ્થાપક
મર્ચેન્ડાઇઝ
પૈસા
ઓફિસ
વેચાણ
દુકાન
કર

94 - The Company

આ	ટ	◌ો	◌ો	◌ૂ	અ	ળ	થ	હ	ચ	પ	ચ	ઈ	વ	જ	ળ
ર	ઉ	ત	◌્	પ	◌ા	દ	ન	◌ી	વ	ન	ઠ	મ	ષ	ડ	જ
વ	◌ો	ઠ	◌ા	ષ	◌્	ત	◌િ	ર	◌્	પ	ળ	છ	◌િ	શ	ખ
◌ૈ	ડ	જ	ગ	ય	◌ો	◌્	દ	ઉ	લ	ઉ	◌ૌ	ભ	ન	ઉ	થ
શ	ત	◌િ	ગ	ર	◌્	પ	પ	ભ	ઠ	છ	જ	અ	જ	અ	ખ
◌્	ધ	મ	પ	◌ા	◌ૂ	ક	મ	ત	◌્	ન	◌ા	જ	◌્	ર	સ
વ	◌ો	ચ	બ	◌ો	ર	વ	શ	ત	ગ	◌ો	ર	◌ો	ક	◌ા	ણ
◌િ	ઈ	ભ	આ	ઠ	ક	આ	ફ	ઊ	◌ુ	ધ	◌ૃ	વ	◌ી	◌ૃ	ઈ
ક	◌ૂ	જ	◌ો	ખ	મ	◌ો	◌ૌ	ભ	ણ	સ	જ	ર	ળ	ખ	દ
આ	◌ૃ	◌ે	ખ	મ	ઠ	ણ	ઠ	શ	વ	◌ા	થ	વ	લ	ફ	◌ી
થ	ડ	ધ	ઠ	◌ા	ક	ર	ળ	ન	ત	◌ં	ન	◌ે	બ	શ	ડ
ક	◌ૌ	ક	ર	ણ	◌ે	એ	હ	ય	◌્	સ	◌િ	ત	ઢ	ચ	મ
પ	◌્	ર	સ	◌્	ત	◌ુ	ત	◌િ	ત	શ	ર	ન	છ	ચ	ષ
વ	◌્	ય	વ	સ	◌ા	ય	ઘ	આ	◌ા	◌ૌ	◌્	શ	◌ે	◌ો	◌ો
ળ	◌ૌ	◌ૃ	ઉ	થ	◌ા	ઘ	ઘ	બ	ક	મ	ણ	છ	◌્	ર	ઉ
ઈ	ઈ	લ	ફ	ઠ	આ	ળ	ળ	◌ા	ટ	◌ા	ય	છ	વ	ર	આ

વ્યવસાય
સર્જનાત્મક
નિર્ણય
રોજગાર
વૈશ્વિક
ઉદ્યોગ
નવીન
રોકાણ
શક્યતા
પ્રસ્તુતિ
ઉત્પાદન
પ્રગતિ
ગુણવત્તા
પ્રતિષ્ઠા
સંસાધનો
આવક
જોખમો
એકમો
વેતન

95 - Literature

થ	અ	ન	◌ુ	ર	◌ૂ	પ	ગ	વ	બ	અ	ક	ખ	◌ે	લ	વ
ણ	◌ી	મ	◌ા	ખ	ર	સ	છ	ણ	ક	◌્	થ	ગ	ષ	◌ી	ષ
વ	ટ	મ	વ	ર	◌્	ણ	ન	ય	ઊ	શ	◌ા	ઢ	ત	◌ૈ	◌ી
◌ૌ	◌ુ	થ	ઈ	વ	ઝ	ય	◌ૂ	અ	◌ો	ઊ	થ	ર	લ	શ	દ
ઈ	◌ૂ	◌ે	◌ા	ર	ઘ	◌ૂ	વ	◌ો	ષ	મ	ક	ઈ	◌્	શ	જ
ન	ગ	ઘ	ભ	ઢ	◌ૌ	ફ	ક	ઘ	ળ	જ	લ	◌્	આ	ટ	છ
ફ	◌ા	હ	ભ	દ	ણ	થ	ટ	◌ો	◌ં	ઊ	વ	◌િ	દ	◌ુ	ફ
ન	◌િ	◌ૂ	પ	સ	શ	ણ	ષ	હ	શ	ઝ	ન	ઊ	મ	ચ	ન
◌ા	◌િ	ક	મ	ત	◌્	ય	◌ા	વ	◌્	◌ા	ક	ષ	ઘ	ક	ચ
ટ	મ	ષ	◌્	જ	◌ી	વ	ન	ચ	ર	◌િ	ત	◌્	ર	◌ો	જ
ઘ	ણ	ઢ	◌્	શ	ર	◌ૂ	પ	ક	◌ે	ળ	◌ા	ટ	◌ુ	ય	◌્
ર	ઝ	જ	◌્	ક	ન	દ	◌્	વ	ળ	◌ી	◌િ	વ	ઉ	◌િ	ડ
◌્	ગ	વ	◌િ	છ	ર	ષ	ડ	છ	આ	ગ	વ	ઈ	થ	◌ૂ	દ
◌ુ	આ	બ	◌ે	◌ો	થ	◌્	લ	બ	થ	ઈ	ક	ઠ	લ	ય	ન
દ	સ	થ	ટ	ધ	શ	ણ	ષ	લ	◌ે	શ	◌્	◌િ	વ	ઠ	◌ૂ
અ	ભ	◌િ	પ	◌્	ર	◌ા	ય	મ	ઝ	સ	◌ં	વ	◌ા	દ	ઈ

અનુરૂપ
વિશ્લેષણ
ટુચકો
લેખક
જીવનચરિત્ર
સરખામણી
નિષ્કર્ષ
વર્ણન
સંવાદ
ફિક્શન

રૂપક
કથા
નવલકથા
અભિપ્રાય
કવિતા
કાવ્યાત્મક
લય
શૈલી
થીમ
દુર્ઘટના

96 - Geography

◌ૂ	આ	ભ	ધ	ઘ	ખ	ઊ	◌ો	ય	ભ	બ	આ	◌ો	થ	◌ુ	ઈ
◌ા	ગ	ઉ	ભ	શ	થ	ત	◌ી	આ	ધ	ર	◌્	ળ	◌ા	◌ો	ગ
ષ	ડ	ભ	મ	ઈ	પ	ઝ	◌ૃ	પ	અ	◌ે	અ	પ	ય	વ	બ
◌ૌ	ઊ	ઝ	થ	◌્	ર	ગ	સ	◌ા	◌ા	હ	મ	ઢ	ય	ઊ	◌ૌ
ર	વ	ષ	◌ી	ઝ	◌્	દ	ઘ	◌િ	ન	શ	થ	જ	શ	ગ	ત
ન	ક	શ	◌ો	મ	વ	◌્	◌્	◌ૃ	દ	◌ે	◌ં	ડ	ન	ય	આ
ફ	◌િ	દ	દ	ચ	ત	◌ા	મ	◌ુ	◌ી	દ	અ	◌િ	થ	ઊ	પ
વ	બ	◌ે	લ	◌િ	ટ	◌ા	પ	◌ુ	મ	ઢ	◌્	ઉ	◌િ	ળ	◌િ
દ	પ	ર	ત	◌્	ત	ઉ	આ	અ	ધ	સ	◌ા	લ	ટ	એ	શ
ઊ	ડ	◌્	વ	શ	◌્	◌િ	વ	ધ	ક	◌ૂ	ન	ચ	◌ૂ	લ	◌ે
ળ	◌ં	પ	ઈ	પ	◌ૌ	હ	દ	શ	ઉ	◌્	◌ૌ	ઈ	◌ી	◌ૃ	◌ં
થ	ખ	ચ	દ	ક	◌્	ષ	◌િ	ણ	શ	◌્	ષ	થ	ક	ઘ	◌ા
◌ૃ	પ	◌ં	◌ા	અ	આ	ઢ	◌ા	◌ૃ	◌ી	ય	શ	◌ા	શ	વ	ફ
ભ	છ	ઉ	ઈ	ઈ	ચ	શ	ન	ન	◌્	ઝ	◌ે	ઊ	◌ં	ઈ	ઢ
ઘ	◌ૂ	ઊ	એ	લ	◌િ	વ	◌ે	શ	ન	◌ે	ચ	દ	ગ	શ	ક
મ	◌ે	ર	◌િ	ડ	◌િ	ય	ન	ણ	◌ૂ	ર	ન	હ	◌ી	◌ો	ન

ઊચાઈ
એટલાસ
શહેર
ખંડ
દેશ
એલિવેશન
ગોળાર્ધ
ટાપુ
અક્ષાંશ
નકશો
મેરિડિયન
પર્વત
ઉત્તર
મહાસાગર
નદી
સમુદ્ર
દક્ષિણ
પ્રદેશ
પશ્ચિમ
વિશ્વ

97 - Jazz

સ	◌ં	ગ	◌ી	ત	ક	◌ા	ર	દ	ઢ	ક	ય	શ	ભ	◌ો	ઘ
◌ૂ	ગ	ભ	◌ા	ર	◌િ	ન	◌ા	આ	ડ	◌્	લ	ઓ	◌ુ	ઈ	ટ
અ	◌ો	◌ા	ધ	દ	ગ	ચ	ટ	◌ૃ	ડ	ષ	ડ	◌ા	ષ	ત	ખ
ષ	ભ	ત	ષ	◌ૃ	ટ	ર	◌્	સ	ન	◌્	◌ો	ક	ક	ય	◌ે
અ	પ	◌િ	ઉ	◌ૃ	દ	◌ં	સ	પ	ન	મ	◌ં	ન	આ	◌ા	વ
આ	ય	ર	વ	અ	સ	મ	◌્	ર	◌્	ડ	આ	◌િ	ફ	ખ	ર
ઈ	દ	◌્	આ	◌ા	◌ો	જ	ક	છ	ઠ	ર	ઘ	ક	ઊ	◌્	ષ
ન	ય	પ	લ	શ	દ	◌ે	◌ે	◌ા	ઠ	ટ	ચ	◌ે	ન	ર	◌ં
◌ુ	ઢ	◌ૌ	◌્	◌ૈ	◌ૂ	ન	◌્	ર	◌ં	ન	જ	ટ	વ	◌્	◌ી
ઢ	બ	ત	બ	લ	ટ	અ	ર	◌ુ	ઈ	ત	લ	ઢ	◌ુ	પ	ય
◌ી	ઊ	◌ૂ	મ	◌ી	ત	સ	ઓ	ષ	◌ૌ	ઈ	થ	ઊ	◌ં	ળ	દ
ઢ	ક	◌ં	ચ	ઠ	અ	ઝ	જ	ગ	ઉ	દ	◌ૃ	જ	ઉ	◌ી	જ
◌ો	ડ	ક	આ	ઝ	ન	ઉ	આ	◌િ	◌ુ	◌ુ	◌ે	ટ	ધ	આ	ઈ
સ	ધ	◌િ	છ	દ	થ	સ	◌ં	ગ	◌ી	ત	ટ	ન	અ	◌ો	ત
◌ુ	છ	ડ	જ	બ	ટ	ક	◌ૌ	મ	◌ો	◌ી	ર	◌્	આ	ન	દ
પ	◌્	ર	ભ	◌ા	વ	જ	છ	◌ં	ય	ગ	◌્	છ	◌ે	ત	◌ૂ

આલ્બમ
અભિવાદન
કલાકાર
સંગીતકાર
રચના
કોન્સર્ટ
ડ્રમ્સ
ભાર
પ્રખ્યાત
મનપસંદ
પ્રભાવ
સંગીત
નવું
ઓલ્ડ
ઓર્કેસ્ટ્રા
લય
ગીત
શૈલી
પ્રતિભા
ટેકનિક

98 - Nature

સ	◌ૃ	ઝ	ખ	ય	આ	◌ા	ડ	ત	ક	ધ	પ	મ	◌ો	જ	ગ
◌ુ	ઝ	ન	ય	ત	જ	ળ	ભ	ફ	ટ	ગ	◌ો	ણ	ન	હ	ત
◌ં	શ	◌ા	◌ં	ત	વ	◌િ	ળ	સ	◌િ	ળ	શ	વ	લ	ધ	◌િ
દ	પ	પ	ણ	ર	ધ	◌ૃ	હ	ખ	ક	ઈ	◌્	ધ	◌ા	◌ં	શ
ર	ર	થ	ર	ય	શ	◌િ	લ	◌ે	◌્	ગ	પ	◌ુ	ઉ	ણ	◌ી
ત	◌્	દ	◌્	◌્	અ	◌્	ભ	◌િ	ર	શ	◌્	મ	ષ	◌ો	લ
◌ા	વ	ઝ	પ	◌ો	ણ	ભ	ત	ષ	આ	◌ો	ર	◌્	◌્	ઊ	◌ી
◌ો	ત	ખ	◌ૂ	◌ુ	ર	સ	ય	ઈ	◌ં	ઈ	◌ા	મ	ણ	હ	ગ
ઝ	◌ો	દ	ત	ણ	◌્	◌ો	મ	◌ા	જ	ધ	ણ	સ	ક	ષ	◌ં
◌ૌ	બ	◌્	◌િ	◌ુ	પ	ટ	ટ	◌ૂ	ર	ણ	◌ી	ઠ	ટ	ર	જ
◌ં	આ	મ	◌ં	ઉ	◌ૂ	લ	ઈ	લ	હ	ણ	ઓ	◌િ	◌િ	ન	◌ૂ
વ	◌ી	ઈ	◌ા	ન	વ	વ	◌ા	દ	ળ	◌ો	◌્	◌િ	બ	દ	ટ
◌ૌ	જ	ક	શ	ખ	◌્	◌ૌ	ન	◌ૃ	ફ	લ	સ	ય	◌ં	◌ી	દ
◌ૃ	ત	◌ી	ટ	છ	ત	ષ	ઈ	શ	ળ	છ	ઢ	પ	ધ	આ	ઘ
આ	શ	◌્	ર	ય	હ	ઊ	◌ા	ય	દ	શ	ણ	બ	◌ી	જ	ઊ
ન	◌્	છ	◌ો	અ	મ	ઈ	ઠ	◌ુ	ન	ઠ	ગ	ગ	ય	ટ	થ

પ્રાણીઓ
આર્કટિક
સુંદરતા
વાદળો
રણ
ગતિશીલ
ધોવાણ
ધુમ્મસ
પર્ણસમૂહ
વન
ગ્લેશિયર
પર્વતો
શાંતિપૂર્ણ
નદી
અભયારણ્ય
શાંત
આશ્રય
ઉષ્ણકટિબંધીય
મહત્વપૂર્ણ
જંગલી

99 - Vacation #2

ઘ	ન	ષ	ઠ	ટ	◌ૌ	ઠ	એ	ષ	◌્	લ	ળ	ન	ળ	◌ો	પ
પ	મ	શ	શ	◌ે	ત	◌ૂ	ર	દ	◌્	◌ુ	મ	સ	દ	હ	◌ા
જ	ધ	પ	ર	ક	ઉ	શ	પ	ઝ	◌ૃ	◌ુ	દ	ટ	હ	પ	સ
આ	આ	વ	થ	◌્	મ	ત	◌ો	વ	◌્	ર	પ	થ	◌ો	ચ	પ
લ	ઉ	ઈ	લ	સ	◌્	ઉ	ર	પ	◌ો	જ	◌ં	ઝ	ટ	◌ં	◌ો
ળ	જ	જ	◌ૃ	◌ી	વ	બ	◌્	ઈ	ર	ષ	ર	ઝ	◌ે	લ	ર
ભ	◌ો	જ	ન	◌ા	લ	ય	ટ	થ	ધ	◌િ	ણ	◌્	લ	છ	◌્
ઊ	ળ	◌િ	ઉ	◌ૌ	◌િ	ય	◌િ	દ	ટ	◌ા	વ	◌ં	ન	શ	ટ
◌ે	સ	શ	ઠ	જ	ઢ	ગ	ક	ટ	ન	◌ી	સ	હ	ઘ	◌ી	ષ
ષ	ર	પ	ઢ	ઊ	દ	ગ	◌ે	ઈ	◌્	પ	◌ા	◌્	ન	દ	મ
ઠ	જ	વ	◌િ	ઝ	◌ા	ધ	મ	ષ	◌ે	ર	મ	◌ં	ફ	◌ે	◌િ
હ	◌ા	ધ	◌ો	ફ	બ	ય	◌્	◌ી	ટ	◌ૂ	◌ે	ઈ	◌ો	◌િ	ણ
ષ	ઊ	◌ૌ	ણ	ગ	છ	ર	પ	ઉ	◌ા	ત	ભ	ન	ટ	વ	ખ
દ	ત	બ	ટ	દ	ઘ	મ	◌િ	ઘ	પ	લ	◌ુ	ર	◌ા	છ	ખ
ત	ત	◌ી	ન	ક	શ	◌ો	◌ં	છ	◌ુ	◌ુ	સ	શ	ચ	દ	ત
ઠ	ખ	ચ	ળ	વ	◌ુ	જ	ગ	ઠ	દ	◌ૂ	◌ૃ	વ	છ	છ	ળ

એરપોર્ટ
બીચ
કેમ્પિંગ
વિદેશી
રજા
હોટેલ
ટાપુ
જર્ની
લેઝર
નકશો
પર્વતો
પાસપોર્ટ
ફોટા
ભોજનાલય
સમુદ્ર
ટેક્સી
ટેન્ટ
ટ્રેન
પરિવહન
વિઝા

100 - Electricity

ફ	વ	◌ૌ	ર	ક	વ	આ	ઢ	ધ	ટ	◌ૃ	છ	ર	હ	દ	ખ
ઘ	◌ં	પ	◌ે	ગ	◌ૂ	હ	ડ	ચ	જ	◌ે	સ	◌ો	ક	◌ે	ટ
થ	◌ી	પ	ઈ	◌ી	લ	ખ	ઉ	ય	થ	ત	લ	ષ	◌ૌ	◌ો	◌ૉ
બ	ઠ	ન	◌ે	ટ	વ	ર	◌્	ક	◌્	◌ૉ	બ	◌િ	ણ	હ	◌્
ન	◌ે	દ	◌ી	વ	◌ો	◌ો	ડ	ઠ	થ	ઠ	◌ે	ખ	ફ	ઉ	ઉ
ક	ગ	ટ	ઘ	ટ	ક	◌ો	ળ	પ	◌ો	ન	ક	◌ૉ	ય	◌ો	ન
◌ા	પ	ક	ર	◌િ	ટ	◌્	ક	◌્	◌ે	લ	ઈ	લ	ક	◌ૉ	ન
ર	ય	◌ા	વ	◌ી	મ	◌ે	ગ	◌્	ન	◌ે	ટ	◌ે	ર	◌ં	ઝ
◌ા	સ	◌ં	ગ	◌્	ર	હ	◌ુ	જ	ય	દ	ળ	સ	મ	ચ	વ
ત	વ	◌ુ	ઈ	ર	જ	◌ી	ડ	જ	સ	ન	ઊ	ર	ઠ	બ	◌િ
◌્	◌ા	આ	◌ુ	◌ૃ	◌્	ન	અ	◌્	ન	જ	ય	◌ી	ફ	મ	લ
મ	ડ	◌ા	ક	મ	ત	◌્	ર	◌ા	◌ા	ક	હ	ળ	ણ	વ	◌િ
ક	◌ે	સ	◌ૉ	◌ૃ	ખ	ગ	અ	◌ે	ચ	ઈ	◌ુ	ગ	ત	ઘ	◌ે
બ	લ	◌્	બ	◌ૃ	મ	ય	અ	દ	ટ	ઘ	શ	લ	◌ૉ	ચ	ટ
ભ	◌િ	ળ	મ	ઉ	ધ	ચ	શ	◌ૂ	◌ૉ	ર	સ	◌ૉ	ળ	આ	મ
થ	ય	ઈ	લ	◌ે	ક	◌્	ટ	◌્	ર	◌િ	શ	◌િ	ય	ન	હ

બેટરી
બલ્બ
કેબલ
ઇલેક્ટ્રિક
ઇલેક્ટ્રિશિયન
જનરેટર
દીવો
લેસર
મેગ્નેટ
નકારાત્મક
નેટવર્ક
ઘટકો
હકારાત્મક
જથ્થો
સોકેટ
સંગ્રહ
ટેલિફોન
ટેલિવિઝન
વાયર

1 - Antiques

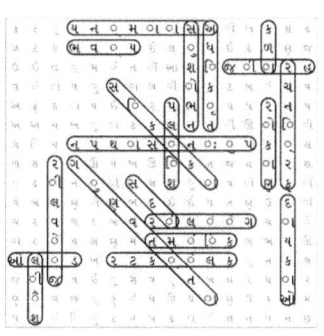

2 - Food #1

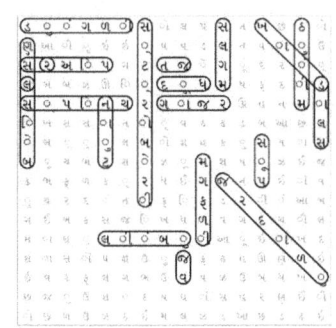

3 - Measurements

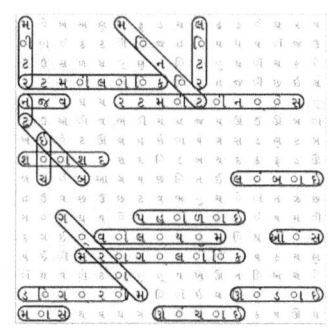

4 - Farm #2

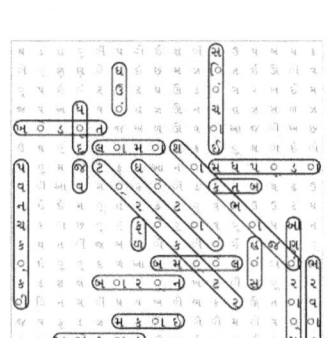

5 - Books

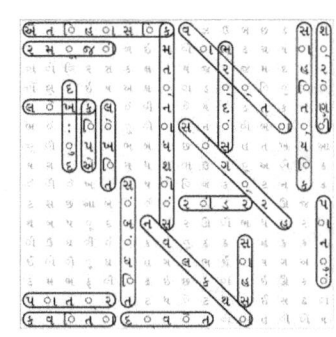

6 - Meditation

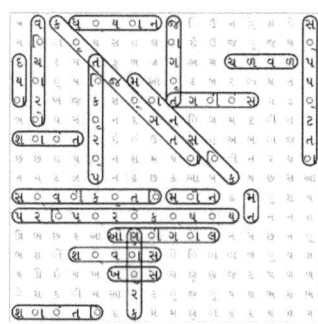

7 - Days and Months

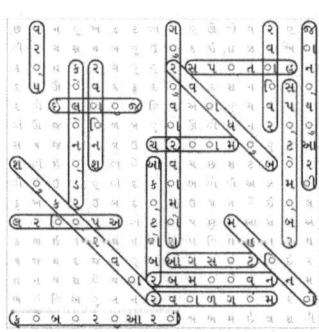

8 - Energy

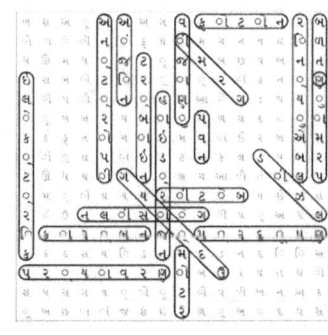

9 - Archeology

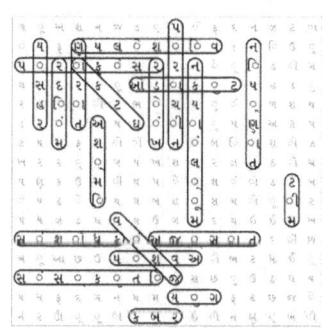

10 - Food #2

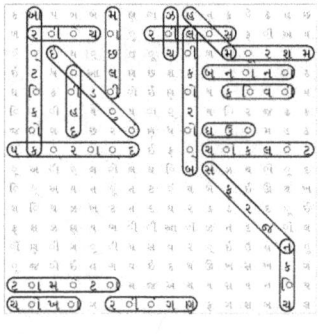

11 - Chemistry

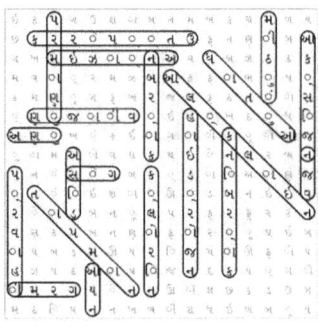

12 - Music

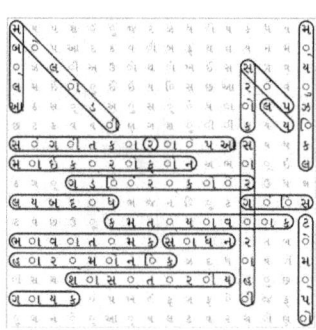

13 - Family

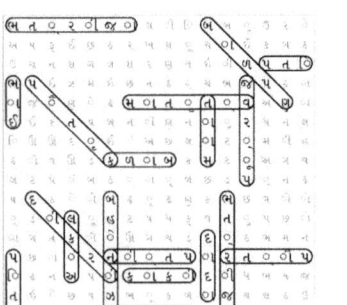

14 - Farm #1

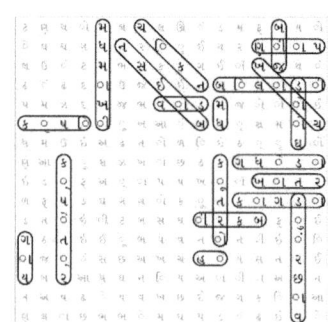

15 - Camping

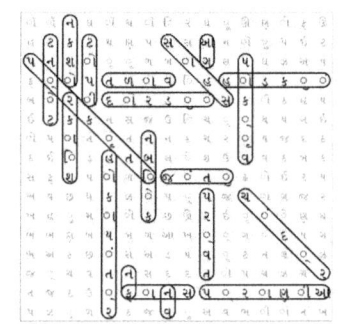

16 - Conservation

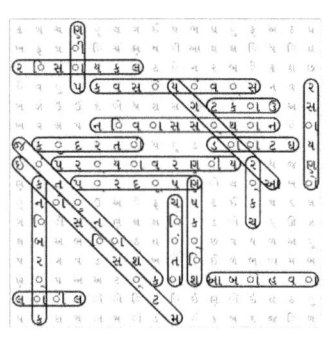

17 - Algebra

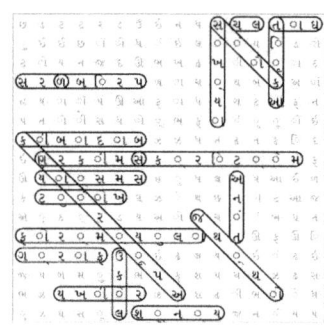

18 - Numbers

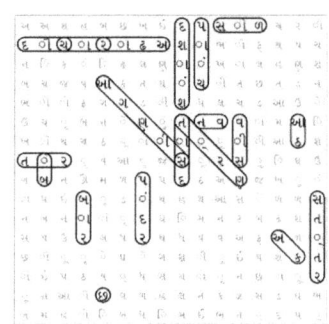

19 - Spices

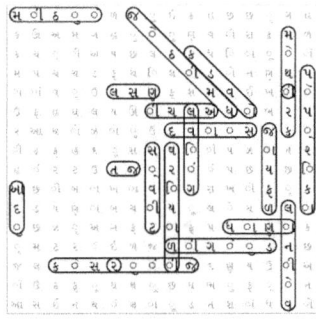

20 - Universe

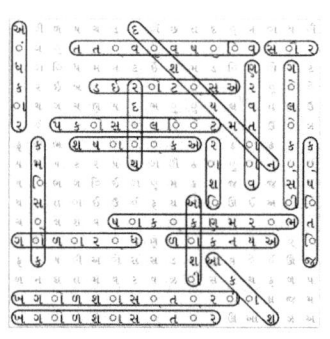

21 - Mammals

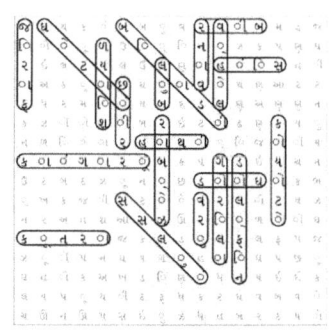

22 - Restaurant #1

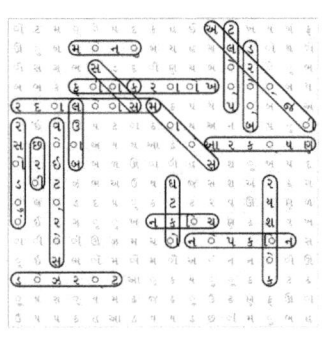

23 - Bees

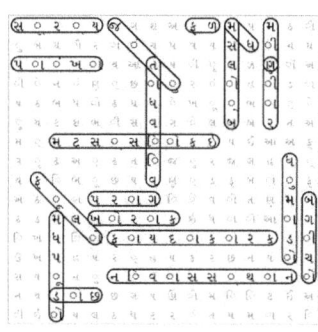

24 - Adventure

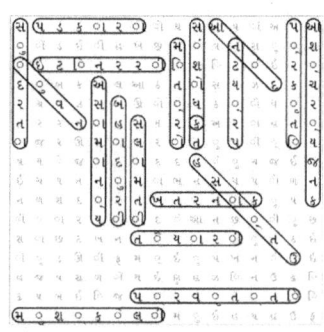

25 - Restaurant #2

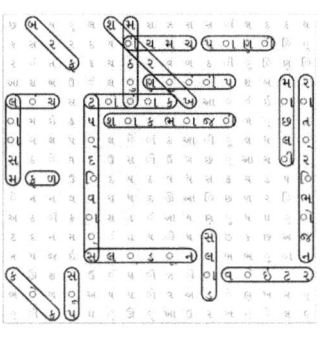
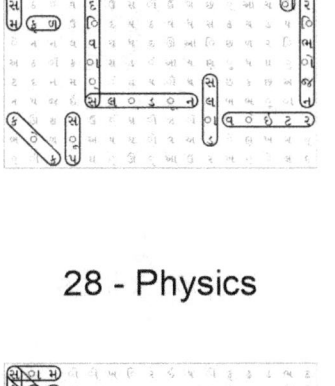

26 - Geology

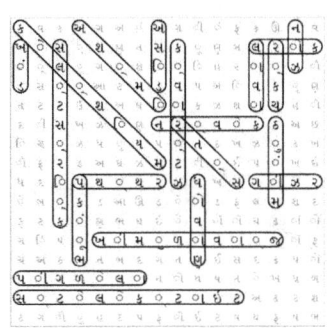

27 - House

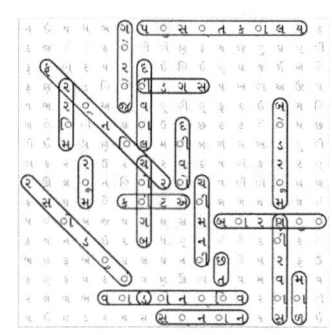

28 - Physics

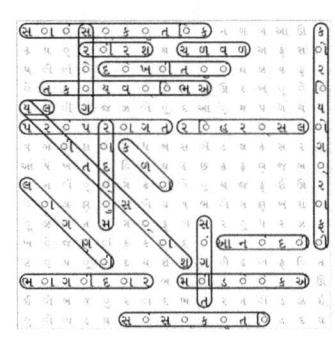

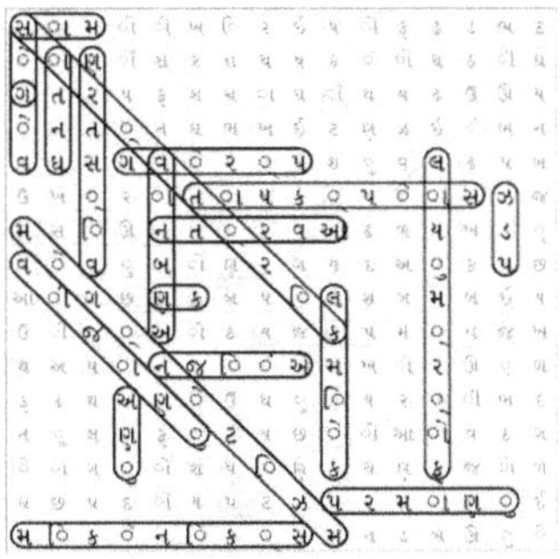

29 - Dance

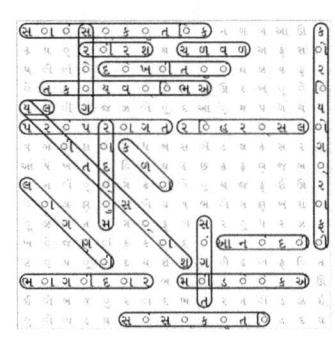

30 - Coffee

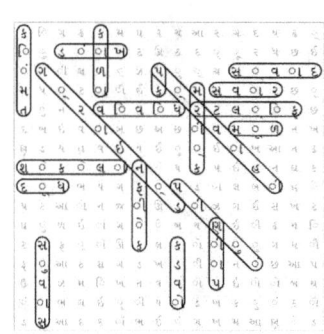

31 - Shapes

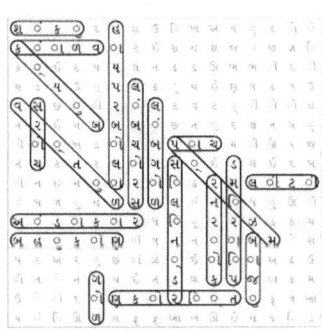

32 - Scientific Disciplines

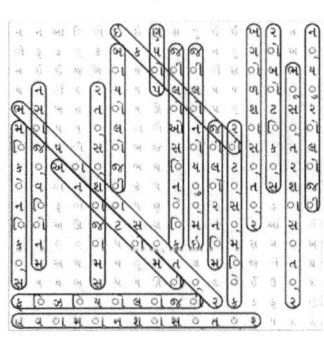

33 - Science

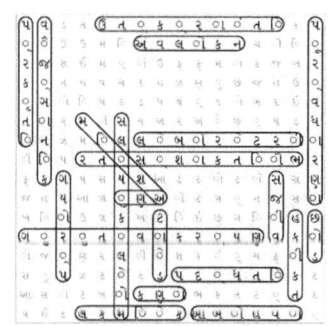

34 - Beauty

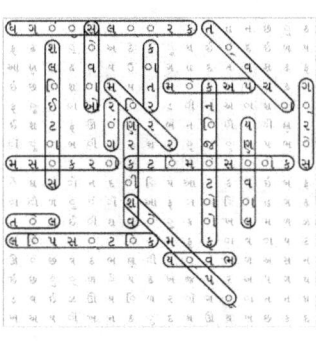

35 - Clothes

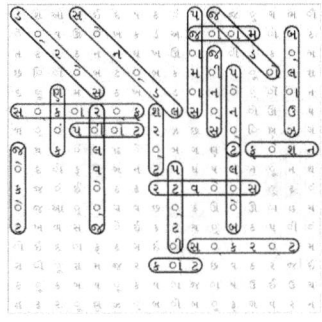

36 - Ethics

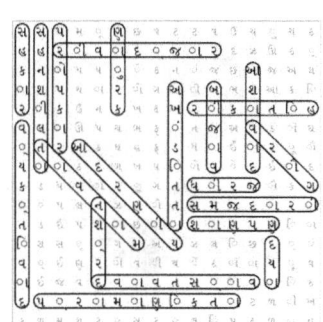

37 - Insects

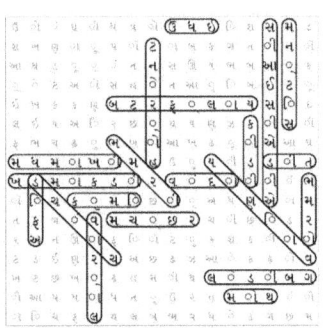

38 - Astronomy

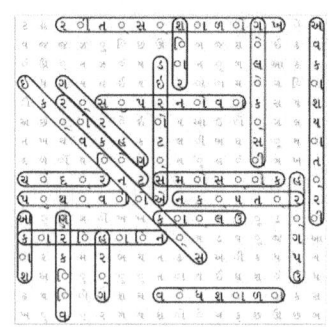

39 - Health and Wellness #2

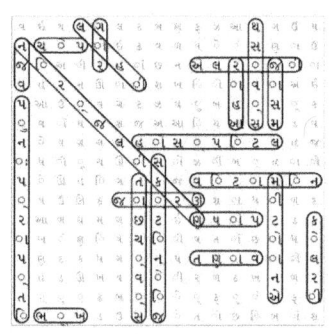

40 - Disease

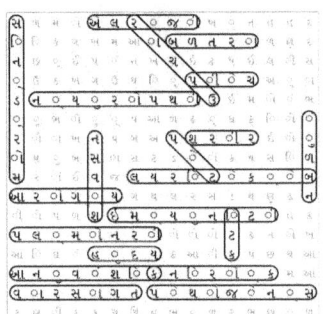

41 - Time

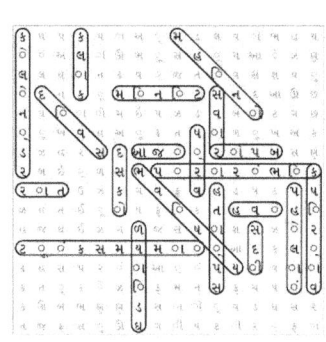

42 - Buildings

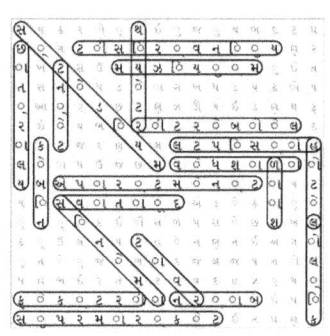

43 - Philanthropy

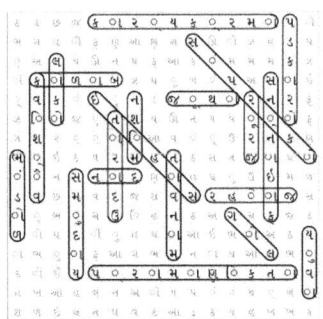

44 - Herbalism

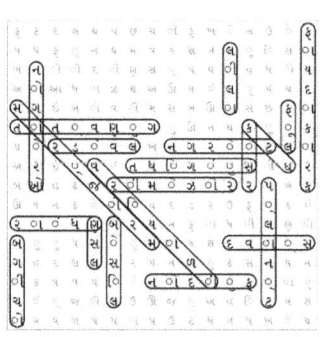

45 - Vehicles

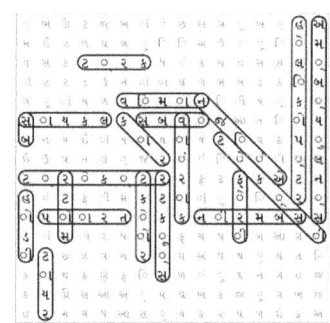

46 - Health and Wellness #1

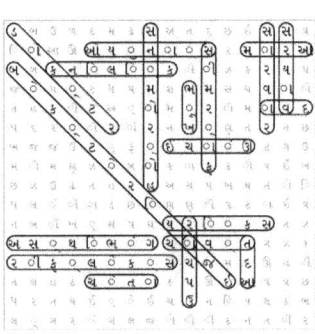

47 - Town

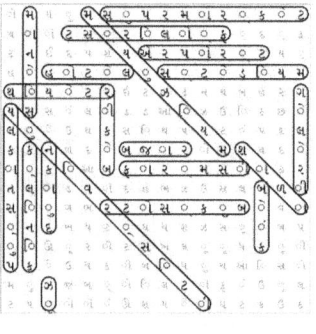

48 - Antarctica

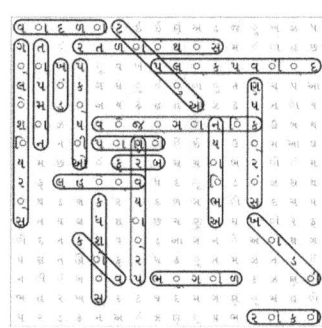

49 - Ballet

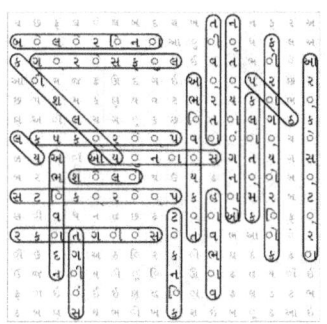

50 - Human Body

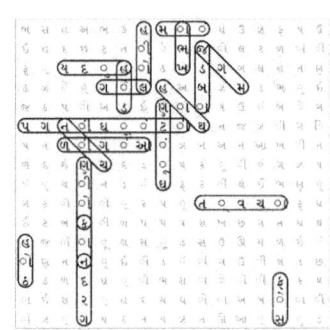

51 - Musical Instruments

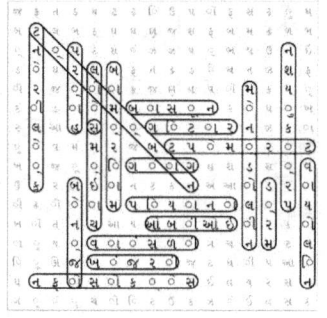

52 - Fruit

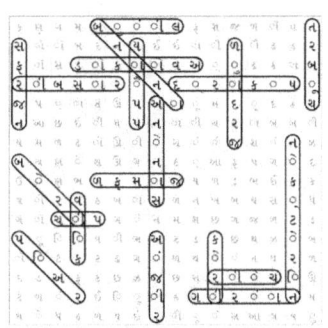

53 - Virtues #1

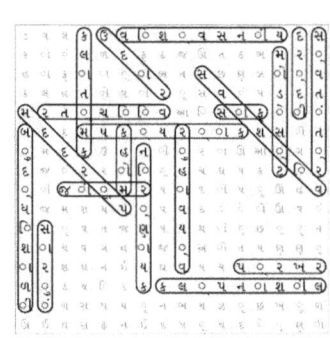

54 - Engineering

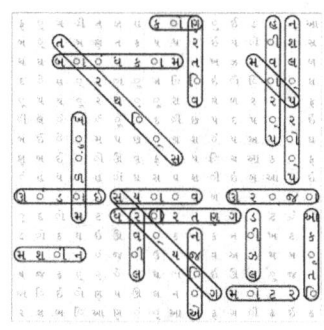

55 - Kitchen

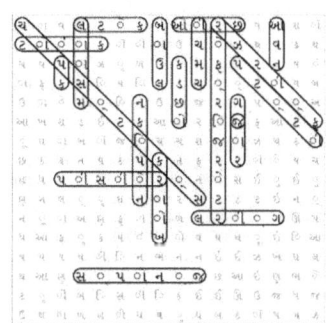

56 - Government

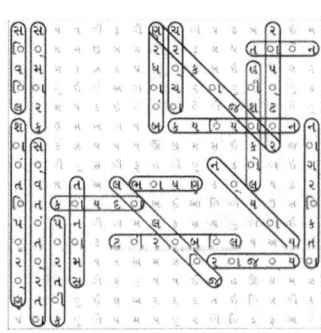

57 - Art Supplies

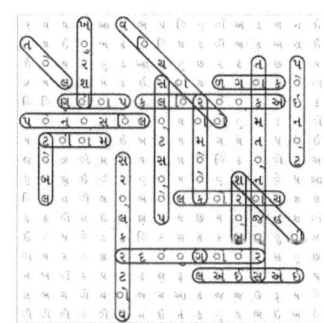

58 - Science Fiction

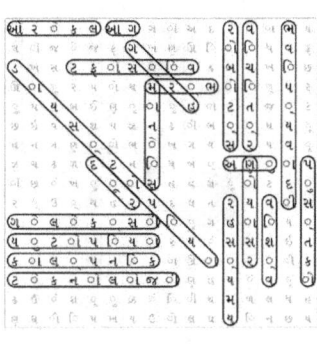

59 - Geometry

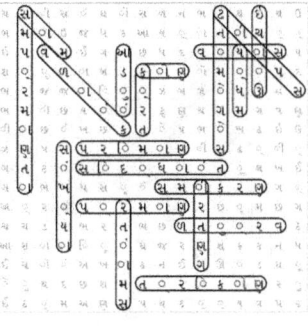

60 - Creativity

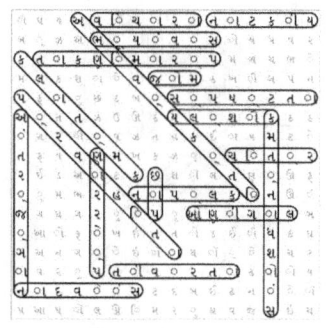

61 - Airplanes

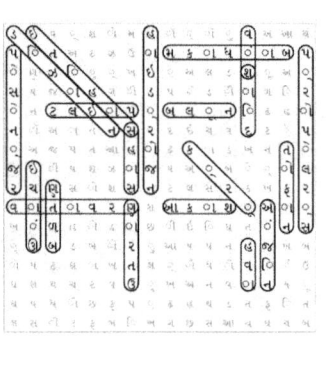

62 - Ocean

63 - Force and Gravity

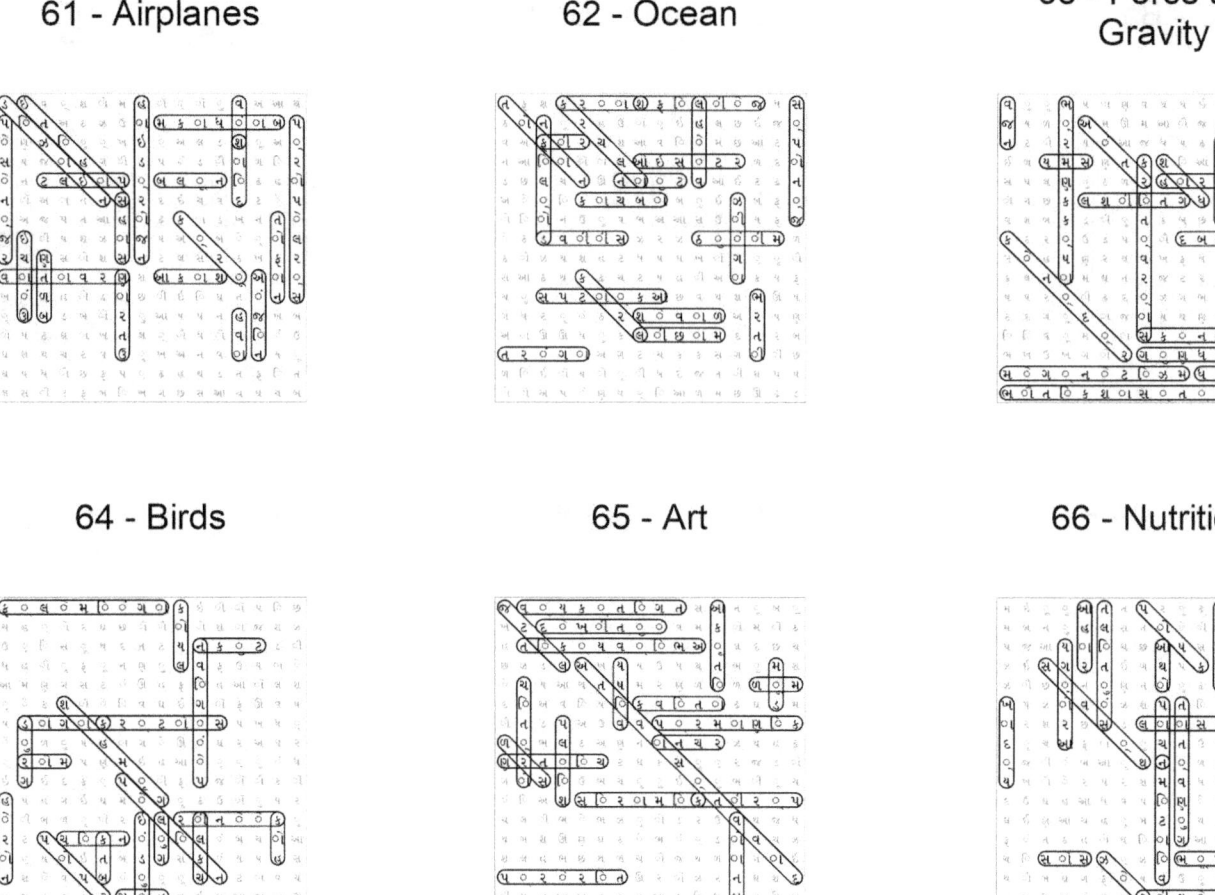

64 - Birds

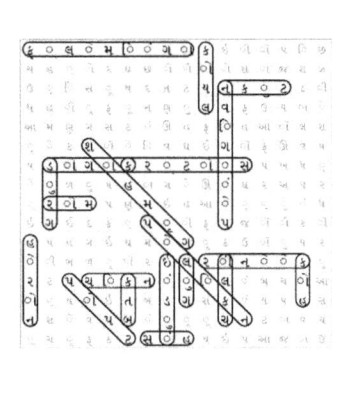

65 - Art

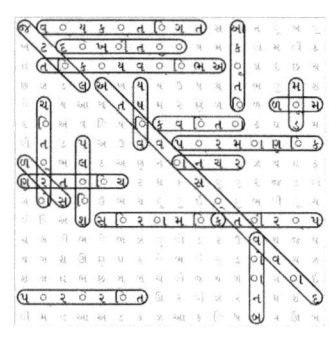

66 - Nutrition

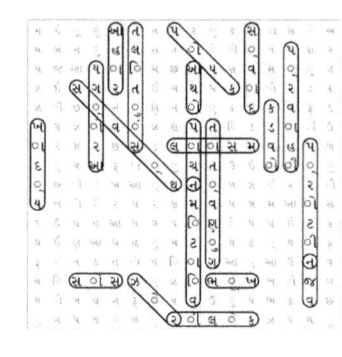

67 - Hiking

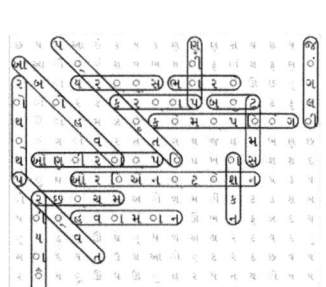

68 - Professions #1

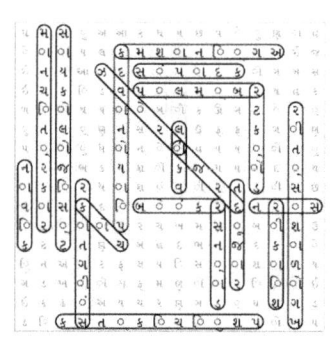

69 - Barbecues

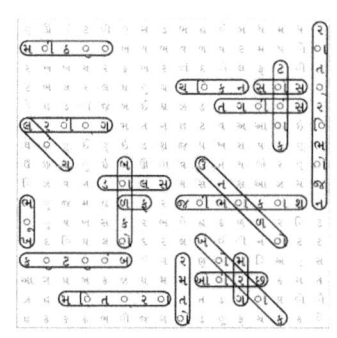

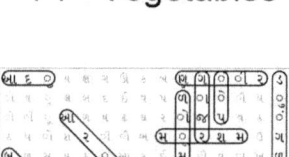

70 - Chocolate

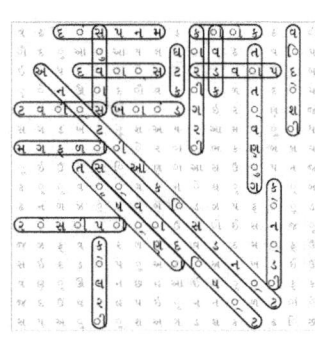

71 - Vegetables

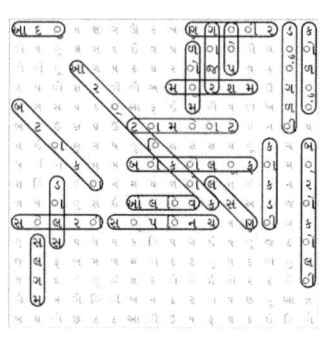

72 - The Media

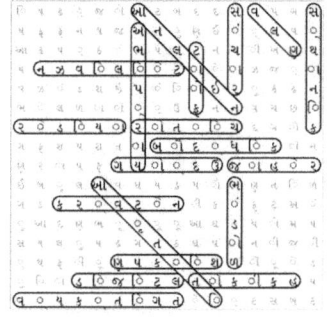

73 - Boats

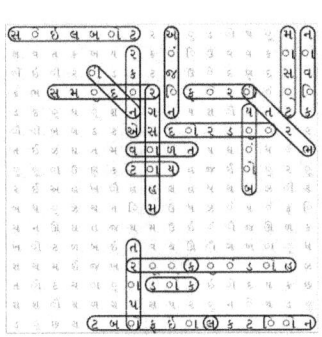

74 - Activities and Leisure

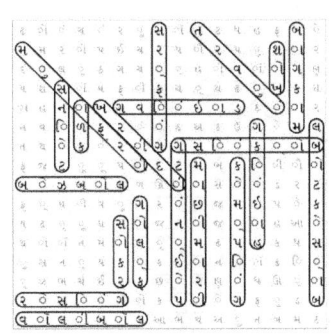

75 - Driving

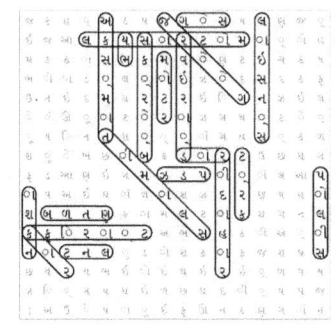

76 - Biology

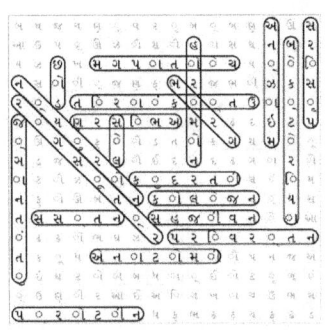

77 - Professions #2

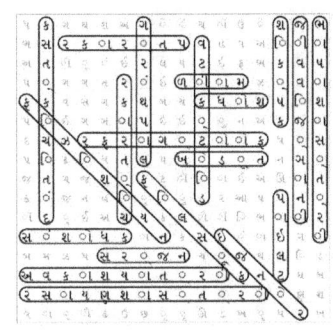

78 - Mythology

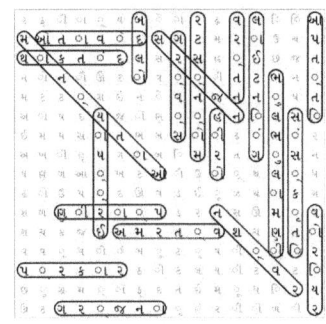

79 - Agronomy

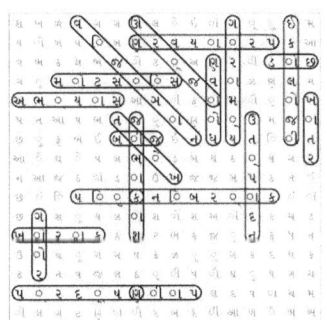

80 - Garden

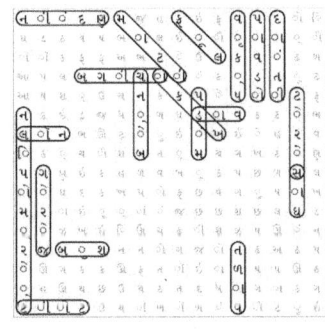

81 - Diplomacy

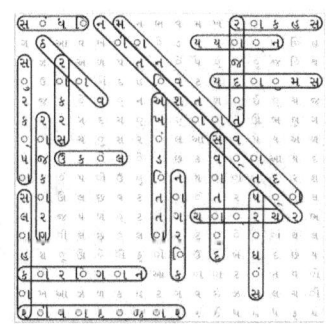

82 - Countries #1

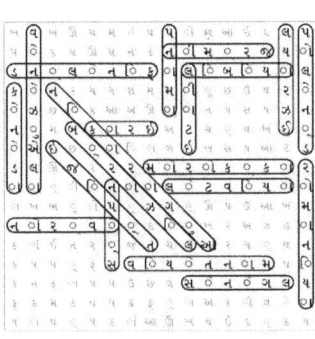

83 - Adjectives #1

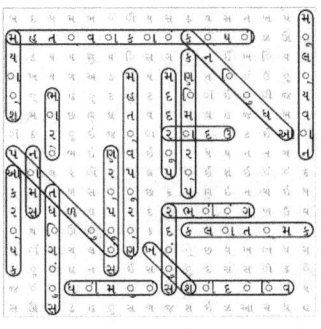

84 - Global Warming

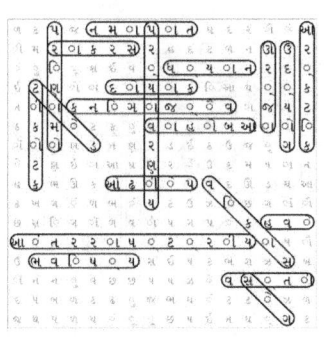

85 - Landscapes

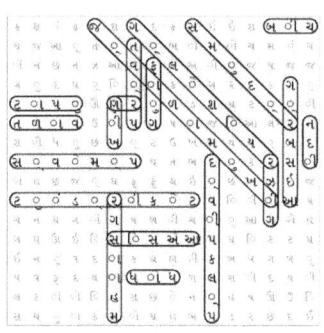

86 - Plants

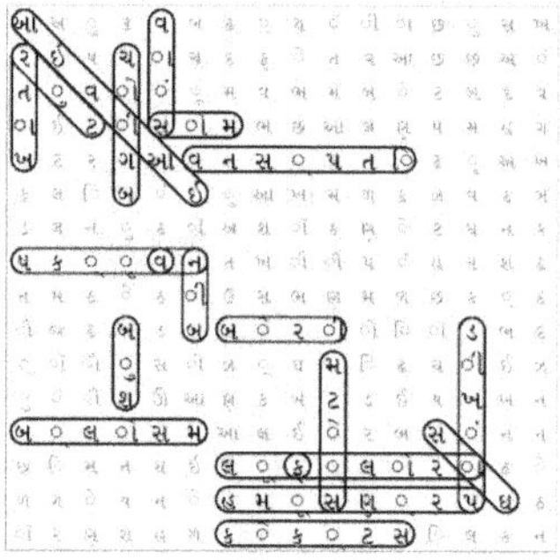

87 - Countries #2

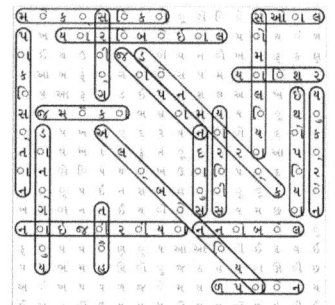

88 - Ecology

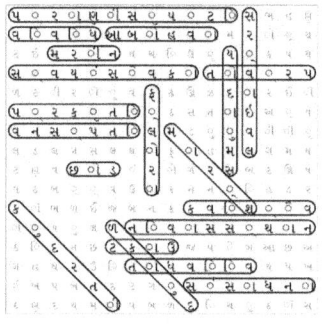

89 - Adjectives #2

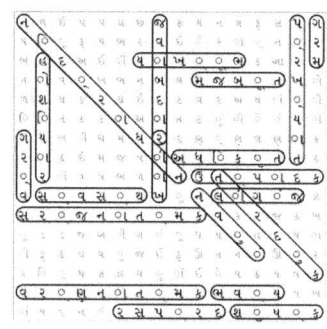

90 - Psychology

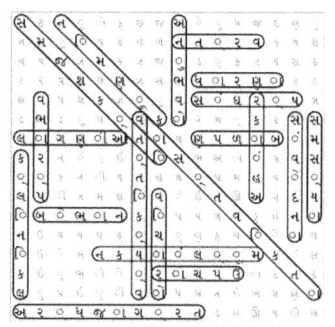

91 - Activities

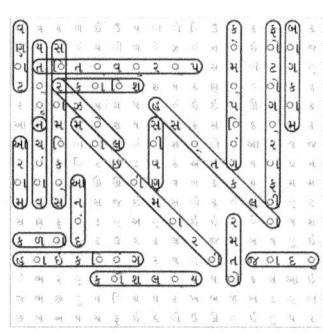

92 - Money

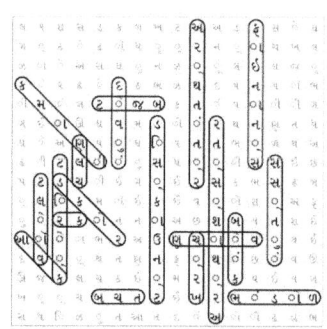

93 - Business

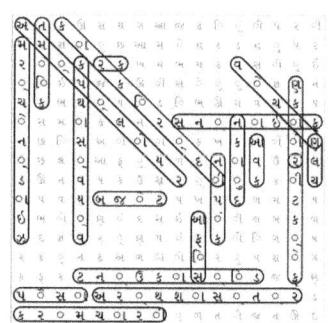

94 - The Company

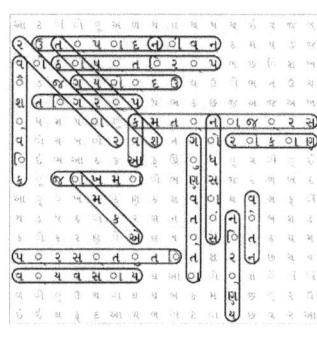

95 - Literature

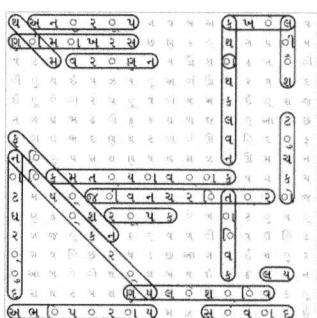

96 - Geography

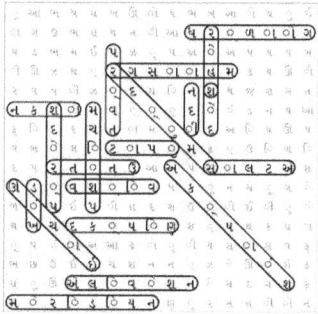

97 - Jazz

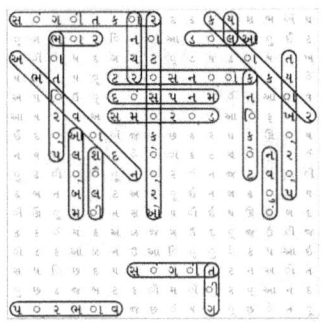

98 - Nature

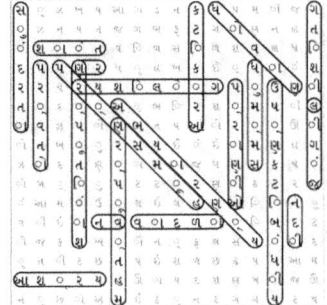

99 - Vacation #2

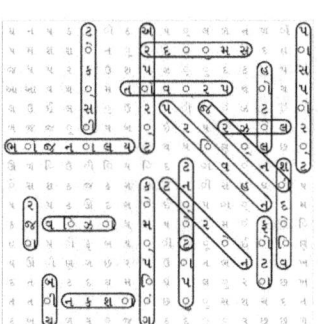

100 - Electricity

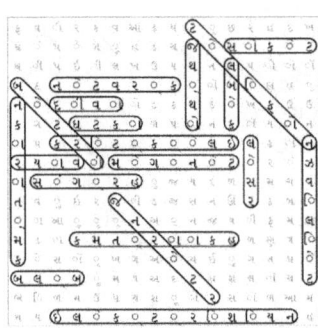

Dictionary

Activities
પ્રવૃત્તિઓ

Activity	પ્રવૃત્તિ
Art	કળા
Camping	કેમ્પગિ
Ceramics	સરિામક્સિ
Crafts	હસ્તકલા
Dancing	નૃત્ય
Fishing	માછીમારી
Games	રમતો
Gardening	બાગકામ
Hiking	હાઈકગિ
Hunting	શકિાર
Knitting	વણાટ
Leisure	લેઝર
Magic	જાદુ
Photography	ફોટોગ્રાફી
Pleasure	આનંદ
Reading	વાંચન
Relaxation	આરામ
Sewing	સીવણ
Skill	કૌશલ્ય

Activities and Leisure
પ્રવૃત્તિઓ અને લેઝર

Art	કળા
Baseball	બેઝબોલ
Basketball	બાસ્કેટબોલ
Boxing	બોક્સગિ
Camping	કેમ્પગિ
Diving	ડાઈવગિ
Fishing	માછીમારી
Gardening	બાગકામ
Golf	ગોલ્ફ
Hiking	હાઈકગિ
Hobbies	શોખ
Painting	પેઈન્ટીંગ
Racing	રેસગિ
Shopping	ખરીદી
Soccer	સોકર
Surfing	સર્ફગિ
Swimming	તરવું
Tennis	ટેનસિ
Travel	મુસાફરી
Volleyball	વૉલીબૉલ

Adjectives #1
વશિષણો #1

Absolute	સંપૂર્ણ
Ambitious	મહત્વાકાંક્ષી
Aromatic	સુગંધતિ
Artistic	કલાત્મક
Attractive	આકર્ષક
Beautiful	સુંદર
Dark	શ્યામ
Exotic	વદિશી
Generous	ઉદાર
Happy	ખુશ
Heavy	ભારે
Helpful	મદદરૂપ
Honest	પ્રમાણકિ
Identical	સમાન
Important	મહત્વપૂર્ણ
Modern	આધુનકિ
Serious	ગંભીર
Slow	ધીમું
Thin	પાતળું
Valuable	મૂલ્યવાન

Adjectives #2
વશિષણો #2

Authentic	અધકિૃત
Creative	સર્જનાત્મક
Descriptive	વર્ણનાત્મક
Dry	શુષ્ક
Elegant	ભવ્ય
Famous	પ્રખ્યાત
Gifted	હોશયિાર
Healthy	સ્વસ્થ
Hot	ગરમ
Hungry	ભૂખ્યા
Interesting	રસપ્રદ
Natural	કુદરતી
New	નવું
Productive	ઉત્પાદક
Proud	ગર્વ
Responsible	જવાબદાર
Salty	ખારી
Sleepy	નદ્રિાધીન
Strong	મજબૂત
Wild	જંગલી

Adventure
સાહસી

Activity	પ્રવૃત્તિ
Beauty	સુંદરતા
Bravery	બહાદુરી
Challenges	પડકારો
Chance	તક
Dangerous	ખતરનાક
Difficulty	મુશ્કેલી
Enthusiasm	ઉત્સાહ
Excursion	પર્યટન
Friends	મત્રિો
Itinerary	ઇટનિરરી
Joy	આનંદ
Nature	પ્રકૃતિ
Navigation	સંશોધક
New	નવું
Preparation	તૈયારી
Safety	સલામતી
Surprising	આશ્ચર્યજનક
Unusual	અસામાન્ય

Agronomy
કૃષવિજ્ઞાન

Agriculture	કૃષિ
Diseases	રોગો
Ecology	ઇકોલોજી
Energy	ઊર્જા
Environment	પર્યાવરણ
Erosion	ધોવાણ
Farming	ખેતી
Fertilizer	ખાતર
Food	ખોરાક
Organic	કાર્બનકિ
Plants	છોડ
Pollution	પ્રદૂષણ
Production	ઉત્પાદન
Rural	ગ્રામ્ય
Science	વજ્ઞાન
Seeds	બીજ
Study	અભ્યાસ
Systems	સસ્ટિમો
Vegetables	શાકભાજી
Water	પાણી

Airplanes
એરોપ્લેન

Adventure	સાહસ
Air	હવા
Atmosphere	વાતાવરણ
Balloon	બલૂન
Construction	બાંધકામ
Crew	ક્રૂ
Descent	વંશ
Design	ડઝિાઇન
Direction	દશિા
Engine	એંજનિ
Fuel	બળતણ
Height	ઊંચાઈ
History	ઇતહિાસ
Hydrogen	હાઇડ્રોજન
Landing	ઉતરાણ
Passenger	પેસેન્જર
Pilot	પાઇલટ
Propellers	પ્રોપેલર્સ
Sky	આકાશ
Turbulence	તોફાન

Algebra
બીજગણતિ

Diagram	આકૃતિ
Equation	સમીકરણ
Exponent	ઘાત
Factor	પરબિળ
False	ખોટું
Formula	ફોર્મ્યુલા
Fraction	અપૂર્ણાંક
Graph	ગ્રાફ
Infinite	અનંત
Linear	રેખીય
Matrix	મેટ્રક્સિ
Number	સંખ્યા
Parenthesis	કૌંસ
Problem	સમસ્યા
Quantity	જથ્થો
Simplify	સરળ
Solution	ઉકેલ
Subtraction	બાદબાકી
Variable	ચલ
Zero	શૂન્ય

Antarctica
એન્ટાર્કટકિા

Bay	ખાડી
Birds	પક્ષીઓ
Clouds	વાદળો
Conservation	સંરક્ષણ
Continent	ખંડ
Cove	કોવ
Environment	પર્યાવરણ
Expedition	અભયિાન
Geography	ભૂગોળ
Glaciers	ગ્લેશયિર્સ
Ice	બરફ
Islands	ટાપુઓ
Migration	સ્થળાંતર
Peninsula	દ્વીપકલ્પ
Researcher	સંશોધક
Rocky	રોકી
Scientific	વૈજ્ઞાનકિ
Temperature	તાપમાન
Water	પાણી
Whales	વ્હેલ

Antiques
પ્રાચીન વસ્તુઓ

Art	કળા
Auction	હરાજી
Authentic	અધકિૃત
Century	સદી
Coins	સક્કિા
Collector	કલેક્ટર
Decades	દાયકાઓ
Decorative	સુશોભન
Elegant	ભવ્ય
Furniture	ફર્નચિર
Gallery	ગેલેરી
Investment	રોકાણ
Jewelry	જ્વેલરી
Old	ઓલ્ડ
Price	કમિત
Quality	ગુણવત્તા
Restoration	પુનઃસ્થાપન
Sculpture	શલ્પિ
Style	શૈલી
Unusual	અસામાન્ય

Archeology
પુરાતત્વ

Analysis	વશ્લિેષણ
Ancient	પ્રાચીન
Civilization	સંસ્કૃતિ
Descendant	વંશજ
Era	યુગ
Evaluation	મૂલ્યાંકન
Expert	નષ્ણાિત
Findings	તારણો
Fossil	અશ્મિ
Fragments	ટુકડાઓ
Mystery	રહસ્ય
Objects	ઘટકો
Professor	પ્રોફેસર
Relic	અવશેષ
Researcher	સંશોધક
Ruins	ખંડેર
Team	ટીમ
Temple	મંદરિ
Tomb	કબર
Unknown	અજ્ઞાત

Art
કલા

Ceramic	સરિામકિ
Complex	જટલિ
Composition	રચના
Create	બનાવો
Expression	અભવ્યિક્તિ
Figure	આકૃતિ
Honest	પ્રમાણકિ
Inspired	પ્રેરતિ
Mood	મૂડ
Original	મૂળ
Paintings	ચત્રિો
Personal	વ્યક્તગિત
Poetry	કવતાિ
Portray	ચત્રિણ
Sculpture	શલ્પિ
Simple	સરળ
Subject	વષિય
Surrealism	અતવિાસ્તવવાદ
Symbol	પ્રતીક
Visual	દેખીતું

Art Supplies
કલા પુરવઠો

Acrylic	એક્રેલિક
Brushes	બ્રશ
Camera	કેમેરા
Chair	ખુરશી
Charcoal	ચારકોલ
Clay	માટી
Colors	રંગો
Creativity	સર્જનાત્મકતા
Easel	ઈએસઈએલ
Glue	ગુંદર
Ideas	વિચારો
Ink	શાહી
Oil	તેલ
Paints	પેઈન્ટ
Paper	કાગળ
Pastels	પેસ્ટલ્સ
Pencils	પેન્સિલ
Table	ટેબલ
Water	પાણી
Watercolors	વોટરકલર્સ

Astronomy
ખગોળશાસ્ત્ર

Asteroid	એસ્ટરોઈડ
Astronaut	અવકાશયાત્રી
Astronomer	ખગોળશાસ્ત્રી
Constellation	નક્ષત્ર
Cosmos	કોસ્મોસ
Earth	પૃથ્વી
Eclipse	ગ્રહણ
Equinox	ઈક્વિનોક્સ
Galaxy	ગેલેક્સી
Meteor	ઉલ્કા
Moon	ચંદ્ર
Nebula	નિહારિકા
Observatory	વેધશાળા
Planet	ગ્રહ
Radiation	વિકિરણ
Rocket	રોકેટ
Satellite	ઉપગ્રહ
Sky	આકાશ
Supernova	સુપરનોવા
Zodiac	રાશિ

Ballet
બેલેટ

Applause	અભિવાદન
Artistic	કલાત્મક
Audience	પ્રેક્ષક
Ballerina	બેલેરિના
Choreography	કોરિયોગ્રાફી
Composer	સંગીતકાર
Dancers	નૃત્યાંગનાઓ
Expressive	અભિવ્યક્ત
Gesture	હાવભાવ
Graceful	ગ્રેસફુલ
Intensity	તીવ્રતા
Lessons	પાઠ
Muscles	સ્નાયુઓ
Music	સંગીત
Orchestra	ઓર્કેસ્ટ્રા
Practice	પ્રેક્ટિસ
Rhythm	લય
Skill	કૌશલ્ય
Style	શૈલી
Technique	ટેકનિક

Barbecues
બાર્બેક્યુઝ

Chicken	ચિકન
Children	બાળકો
Dinner	રાત્રિભોજન
Family	કુટુંબ
Food	ખોરાક
Forks	કાંટો
Friends	મિત્રો
Fruit	ફળ
Games	રમતો
Grill	ગ્રીલ
Hot	ગરમ
Hunger	ભૂખ
Knives	છરીઓ
Lunch	લંચ
Music	સંગીત
Salads	સલાડ
Salt	મીઠું
Sauce	સોસ
Summer	ઉનાળો
Vegetables	શાકભાજી

Beauty
સુંદરતા

Charm	વશીકરણ
Color	રંગ
Cosmetics	કોસ્મેટિક
Curls	કર્લ્સ
Elegance	લાવણ્ય
Elegant	ભવ્ય
Fragrance	સુગંધ
Grace	ગ્રેસ
Lipstick	લિપસ્ટિક
Makeup	મેકઅપ
Mascara	મસ્કરા
Mirror	મિરર
Oils	તેલ
Photogenic	ફોટોજેનિક
Scissors	કાતર
Services	સેવાઓ
Shampoo	શેમ્પૂ
Skin	ત્વચા
Stylist	સ્ટાઈલિશ

Bees
મધમાખીઓ

Beneficial	ફાયદાકારક
Blossom	બ્લોસમ
Diversity	વિવિધતા
Ecosystem	ઈકોસિસ્ટમ
Flowers	ફૂલો
Food	ખોરાક
Fruit	ફળ
Garden	બગીચો
Habitat	નિવાસસ્થાન
Hive	મધપૂડો
Honey	મધ
Insect	જંતુ
Plants	છોડ
Pollen	પરાગ
Queen	રાણી
Smoke	ધુમાડો
Sun	સૂર્ય
Wax	મીણ
Wings	પાંખો

Biology
બાયોલોજી

Anatomy	એનાટોમી
Bacteria	બેક્ટેરિયા
Cell	સેલ
Chromosome	રંગસૂત્ર
Collagen	કોલેજન
Embryo	ગર્ભ
Enzyme	એન્ઝાઇમ
Evolution	ઉત્ક્રાંતિ
Hormone	હોર્મોન
Mammal	સસ્તન
Mutation	પરિવર્તન
Natural	કુદરતી
Nerve	જ્ઞાનતંતુ
Neuron	ન્યુરોન
Osmosis	અભિસરણ
Plants	છોડ
Protein	પ્રોટીન
Reptile	સરિસૃપ
Symbiosis	સહજીવન
Synapse	ચેતોપાગમ

Birds
પક્ષીઓ

Canary	કેનેરી
Chicken	ચિકન
Crow	કાગડો
Cuckoo	કોયલ
Duck	બતક
Eagle	ગરુડ
Egg	ઈંડું
Flamingo	ફ્લેમિંગો
Gull	ગુલ
Hawk	હોક
Heron	હેરોન
Ostrich	શાહમૃગ
Parrot	પોપટ
Peacock	મોર
Pelican	પેલિકન
Penguin	પેંગ્વિન
Sparrow	ચકલી
Stork	સ્ટોર્ક
Swan	હંસ
Toucan	ટુકન

Boats
બોટ

Anchor	એન્કર
Buoy	બોયું
Crew	ક્રૂ
Dock	ડોક
Engine	એંજિન
Ferry	ફેરી
Kayak	હોડકું
Lake	તળાવ
Lifeboat	લાઇફબોટ
Mast	માસ્ટ
Nautical	નોટિકલ
Ocean	મહાસાગર
Raft	તરાપો
River	નદી
Rope	દોરડું
Sailboat	સેઇલબોટ
Sailor	નાવિક
Sea	સમુદ્ર
Tide	ભરતી
Yacht	યાટ

Books
પુસ્તકો

Adventure	સાહસ
Author	લેખક
Character	પાત્ર
Collection	સંગ્રહ
Context	સંદર્ભ
Duality	દ્વૈત
Epic	એપિક
Historical	ઐતિહાસિક
Humorous	રમૂજી
Inventive	સંશોધનાત્મક
Literary	સાહિત્યિક
Novel	નવલકથા
Page	પાનું
Poetry	કવિતા
Reader	રીડર
Relevant	સંબંધિત
Series	શ્રેણી
Story	વાર્તા
Tragic	દુ:ખદ
Written	લેખિત

Buildings
ઈમારતો

Apartment	એપાર્ટમેન્ટ
Barn	બાર્ન
Cabin	કેબિન
Castle	કિલ્લો
Cinema	સિનેમા
Embassy	દૂતાવાસ
Factory	ફેક્ટરી
Hospital	હોસ્પિટલ
Hostel	છાત્રાલય
Hotel	હોટેલ
Laboratory	લેબોરેટરી
Museum	મ્યુઝિયમ
Observatory	વેધશાળા
School	શાળા
Stadium	સ્ટેડિયમ
Supermarket	સુપરમાર્કેટ
Tent	ટેન્ટ
Theater	થિયેટર
Tower	ટાવર
University	યુનિવર્સિટી

Business
વ્યાપાર

Budget	બજેટ
Career	કારકિર્દી
Company	કંપની
Cost	કિંમત
Currency	ચલણ
Discount	ડિસ્કાઉન્ટ
Economics	અર્થશાસ્ત્ર
Employee	કર્મચારી
Employer	એમ્પ્લોયર
Factory	ફેક્ટરી
Finance	ફાઈનાન્સ
Income	આવક
Investment	રોકાણ
Manager	વ્યવસ્થાપક
Merchandise	મર્ચેન્ડાઇઝ
Money	પૈસા
Office	ઓફિસ
Sale	વેચાણ
Shop	દુકાન
Taxes	કર

Camping
કેમ્પિંગ

Adventure	સાહસ
Animals	પ્રાણીઓ
Cabin	કેબિન
Canoe	હોડકું
Compass	હોકાયંત્ર
Fire	આગ
Forest	વન
Fun	ફન
Hat	ટોપી
Hunting	શિકાર
Insect	જંતુ
Lake	તળાવ
Lantern	ફાનસ
Map	નકશો
Moon	ચંદ્ર
Mountain	પર્વત
Nature	પ્રકૃતિ
Rope	દોરડું
Tent	ટેન્ટ
Trees	વૃક્ષો

Chemistry
કેમિસ્ટ્રી

Acid	એસિડ
Alkaline	આલ્કલાઇન
Carbon	કાર્બન
Catalyst	ઉત્પ્રેરક
Chlorine	ક્લોરિન
Electron	વીજાણુ
Enzyme	એન્ઝાઇમ
Gas	ગેસ
Heat	ગરમી
Hydrogen	હાઇડ્રોજન
Ion	આયન
Liquid	પ્રવાહી
Metals	ધાતુઓ
Molecule	અણુ
Nuclear	પરમાણુ
Organic	કાર્બનિક
Oxygen	ઓક્સિજન
Salt	મીઠું
Temperature	તાપમાન
Weight	વજન

Chocolate
ચોકલેટ

Antioxidant	એન્ટીઑક્સિડન્ટ
Aroma	સુવાસ
Artisanal	કારીગરી
Bitter	કડવો
Cacao	કોકો
Calories	કેલરી
Candy	કેન્ડી
Craving	તૃષ્ણા
Delicious	સ્વાદિષ્ટ
Exotic	વિદેશી
Favorite	મનપસંદ
Ingredient	ઘટક
Peanuts	મગફળી
Powder	પાવડર
Quality	ગુણવત્તા
Recipe	રેસીપી
Sugar	ખાંડ
Sweet	સ્વીટ
Taste	સ્વાદ

Clothes
કપડાં

Apron	પટ્ટી
Belt	બેલ્ટ
Blouse	બ્લાઉઝ
Bracelet	કંકણ
Coat	કોટ
Dress	ડ્રેસ
Fashion	ફેશન
Gloves	મોજા
Hat	ટોપી
Jacket	જેકેટ
Jeans	જીન્સ
Jewelry	જ્વેલરી
Pajamas	પજામાસ
Pants	પેન્ટ
Sandals	સેન્ડલ
Scarf	સ્કાર્ફ
Shirt	શર્ટ
Shoe	જોડો
Skirt	સ્કર્ટ
Sweater	સ્વેટર

Coffee
કોફી

Aroma	સુવાસ
Beverage	પીણું
Bitter	કડવો
Black	કાળા
Caffeine	કેફીન
Cream	ક્રીમ
Cup	કપ
Filter	ફિલ્ટર
Flavor	સ્વાદ
Grind	ગ્રાઇન્ડ
Liquid	પ્રવાહી
Milk	દૂધ
Morning	સવાર
Origin	મૂળ
Price	કિંમત
Roasted	શેકેલા
Sugar	ખાંડ
Variety	વિવિધ
Water	પાણી

Conservation
સંરક્ષણ

Chemicals	રસાયણો
Climate	આબોહવા
Concern	ચિંતા
Cycle	ચક્ર
Ecosystem	ઈકોસિસ્ટમ
Education	શિક્ષણ
Environmental	પર્યાવરણીય
Green	લીલા
Habitat	નિવાસસ્થાન
Health	આરોગ્ય
Natural	કુદરતી
Organic	કાર્બનિક
Pesticide	જંતુનાશક
Pollution	પ્રદૂષણ
Recycle	રિસાયકલ
Reduce	ઘટાડો
Sustainable	ટકાઉ
Volunteer	સ્વયંસેવક
Water	પાણી

Countries #1
દેશો #1

Brazil	બ્રાઝલિ
Canada	કેનેડા
Egypt	ઈજપ્તિ
Finland	ફનિલેન્ડ
Germany	જર્મની
Iraq	ઈરાક
Israel	ઈઝરાયલ
Italy	ઈટાલી
Latvia	લેટવયિા
Libya	લબિયિા
Morocco	મોરોક્કો
Nicaragua	નકિારાગુઆ
Norway	નોર્વે
Panama	પનામા
Poland	પોલેન્ડ
Romania	રોમાનયિા
Senegal	સેનેગલ
Spain	સ્પેન
Venezuela	વેનેઝુએલા
Vietnam	વયિતનામ

Countries #2
દેશો #2

Albania	અલ્બેનયિા
Denmark	ડેનમાર્ક
Ethiopia	ઈથોપયિા
Greece	ગ્રીસ
Haiti	હૈતી
Jamaica	જમૈકા
Japan	જાપાન
Laos	લાઓસ
Lebanon	લેબનોન
Liberia	લાઈબેરયિા
Mexico	મેક્સકિો
Nepal	નેપાળ
Nigeria	નાઈજીરીયા
Pakistan	પાકસ્તિાન
Russia	રશયિા
Somalia	સોમાલયિા
Sudan	સુદાન
Syria	સીરયિા
Uganda	યુગાન્ડા
Ukraine	યુક્રેન

Creativity
સર્જનાત્મકતા

Artistic	કલાત્મક
Authenticity	પ્રમાણકિતા
Clarity	સ્પષ્ટતા
Dramatic	નાટકીય
Emotions	લાગણીઓ
Expression	અભવ્યિક્તિ
Fluidity	પ્રવાહતિા
Ideas	વચિારો
Image	ચત્રિ
Imagination	કલ્પના
Impression	છાપ
Inspiration	પ્રેરણા
Intensity	તીવ્રતા
Intuition	અંતર્જ્ઞાન
Inventive	સંશોધનાત્મક
Sensation	સંવેદના
Skill	કૌશલ્ય
Spontaneous	સ્વયંભૂ
Vitality	જોમ

Dance
નૃત્ય

Academy	એકેડેમી
Art	કળા
Body	શરીર
Choreography	કોરયિોગ્રાફી
Classical	શાસ્ત્રીય
Cultural	સાંસ્કૃતકિ
Culture	સંસ્કૃતિ
Emotion	લાગણી
Expressive	અભવ્યિક્ત
Grace	ગ્રેસ
Joyful	આનંદી
Movement	ચળવળ
Music	સંગીત
Partner	ભાગીદાર
Posture	મુદ્રા
Rehearsal	રહિર્સલ
Rhythm	લય
Traditional	પરંપરાગત
Visual	દેખીતું

Days and Months
દવિસો અને મહનિાઓ

April	એપ્રલિ
August	ઓગસ્ટ
Calendar	કેલેન્ડર
February	ફેબ્રુઆરી
Friday	શુક્રવાર
January	જાન્યુઆરી
July	જુલાઈ
March	માર્ચ
Monday	સોમવાર
Month	મહનિો
November	નવેમ્બર
October	ઓક્ટોબર
Saturday	શનવિાર
September	સપ્ટેમ્બર
Sunday	રવવિાર
Thursday	ગુરુવાર
Tuesday	મંગળવાર
Wednesday	બુધવાર
Week	સપ્તાહ
Year	વર્ષ

Diplomacy
મુત્સદ્દીગીરી

Adviser	સલાહકાર
Ambassador	રાજદૂત
Citizens	નાગરકિો
Civic	નાગરકિ
Community	સમુદાય
Conflict	સંઘર્ષ
Cooperation	સહકાર
Diplomatic	રાજદ્વારી
Discussion	ચર્ચા
Embassy	દૂતાવાસ
Ethics	નીતશિાસ્ત્ર
Government	સરકાર
Humanitarian	માનવતાવાદી
Integrity	અખંડતિા
Justice	ન્યાય
Politics	રાજકારણ
Resolution	ઠરાવ
Security	સુરક્ષા
Solution	ઉકેલ
Treaty	સંધિ

Disease
રોગ

Abdominal	પેટ
Allergies	એલર્જી
Bacterial	બેક્ટેરિયલ
Body	શરીર
Chronic	ક્રોનિક
Contagious	ચેપી
Genetic	આનુવંશિક
Health	આરોગ્ય
Heart	હૃદય
Hereditary	વારસાગત
Immunity	ઈમ્યુનિટી
Inflammation	બળતરા
Lumbar	કટિ
Neuropathy	ન્યુરોપથી
Pathogens	પેથોજેન્સ
Pulmonary	પલ્મોનરી
Respiratory	શ્વસન
Syndrome	સિન્ડ્રોમ
Therapy	ઉપચાર
Weak	નબળું

Driving
ડ્રાઈવિગ

Accident	અકસ્માત
Brakes	બ્રેક્સ
Car	કાર
Danger	ભય
Driver	ડ્રાઈવર
Fuel	બળતણ
Garage	ગેરેજ
Gas	ગેસ
License	લાઈસન્સ
Map	નકશો
Motor	મોટર
Motorcycle	મોટરસાયકલ
Pedestrian	રાહદારી
Police	પોલીસ
Road	રોડ
Safety	સલામતી
Speed	ઝડપ
Traffic	ટ્રાફિક
Truck	ટ્રક
Tunnel	ટનલ

Ecology
ઈકોલોજી

Climate	આબોહવા
Communities	સમુદાયો
Diversity	વિવિધતા
Drought	દુકાળ
Fauna	પ્રાણીસૃષ્ટિ
Flora	ફ્લોરા
Global	વૈશ્વિક
Habitat	નિવાસસ્થાન
Marine	મરીન
Marsh	માર્શ
Mountains	પર્વતો
Natural	કુદરતી
Nature	પ્રકૃતિ
Plants	છોડ
Resources	સંસાધનો
Survival	સર્વાઈવલ
Sustainable	ટકાઉ
Variety	વિવિધ
Vegetation	વનસ્પતિ
Volunteers	સ્વયંસેવકો

Electricity
વીજળી

Battery	બેટરી
Bulb	બલ્બ
Cable	કેબલ
Electric	ઈલેક્ટ્રિક
Electrician	ઈલેક્ટ્રિશિયન
Generator	જનરેટર
Lamp	દીવો
Laser	લેસર
Magnet	મેગ્નેટ
Negative	નકારાત્મક
Network	નેટવર્ક
Objects	ઘટકો
Positive	હકારાત્મક
Quantity	જથ્થો
Socket	સોકેટ
Storage	સંગ્રહ
Telephone	ટેલિફોન
Television	ટેલિવિઝન
Wires	વાયર

Energy
ઊર્જા

Battery	બેટરી
Carbon	કાર્બન
Diesel	ડીઝલ
Electric	ઈલેક્ટ્રિક
Electron	વીજાણુ
Engine	એંજિન
Entropy	એન્ટ્રોપી
Environment	પર્યાવરણ
Fuel	બળતણ
Gasoline	ગેસોલીન
Heat	ગરમી
Hydrogen	હાઈડ્રોજન
Industry	ઉદ્યોગ
Motor	મોટર
Nuclear	પરમાણુ
Photon	ફોટોન
Pollution	પ્રદૂષણ
Renewable	રિન્યુએબલ
Turbine	ટર્બાઈન
Wind	પવન

Engineering
ઈજનેરી

Angle	કોણ
Axis	ધરી
Calculation	ગણતરી
Construction	બાંધકામ
Depth	ઊંડાઈ
Diagram	આકૃતિ
Diameter	વ્યાસ
Diesel	ડીઝલ
Distribution	વિતરણ
Energy	ઊર્જા
Engine	એંજિન
Gears	ગિયર્સ
Levers	લીવર
Liquid	પ્રવાહી
Machine	મશીન
Measurement	માપ
Motor	મોટર
Propulsion	પ્રોપલ્શન
Stability	સ્થિરતા
Structure	માળખું

Ethics
નીતશિાસ્ત્ર

Altruism	પરોપકાર
Benevolent	હતિકારી
Compassion	કરુણા
Cooperation	સહકાર
Dignity	ગૌરવ
Diplomatic	રાજદ્વારી
Honesty	પ્રામાણકિતા
Humanity	માનવતા
Individualism	વ્યક્તવિાદ
Integrity	અખંડતિા
Kindness	દયા
Optimism	આશાવાદ
Patience	ધીરજ
Philosophy	દર્શન
Rationality	સમજદારી
Realism	વાસ્તવવાદ
Reasonable	વાજબી
Respectful	આદરણીય
Tolerance	સહનશીલતા
Wisdom	શાણપણ

Family
કુટુંબ

Ancestor	પૂર્વજ
Aunt	કાકી
Brother	ભાઈ
Child	બાળક
Childhood	બાળપણ
Children	બાળકો
Cousin	કઝીન
Daughter	દીકરી
Father	પતિા
Grandfather	દાદા
Grandson	પૌત્ર
Husband	પતિ
Maternal	માતૃત્વ
Mother	માતા
Nephew	ભત્રીજા
Niece	ભત્રીજી
Paternal	પૈતૃક
Sister	બહેન
Uncle	અંકલ
Wife	પત્ની

Farm #1
ફાર્મ #1

Agriculture	કૃષિ
Bee	મધમાખી
Bison	બાઈસન
Calf	વાછરડું
Cat	બલિાડી
Chicken	ચકિન
Cow	ગાય
Crow	કાગડો
Dog	કૂતરો
Donkey	ગધેડો
Fence	વાડ
Fertilizer	ખાતર
Field	ક્ષેત્ર
Goat	બકરી
Hay	હે
Honey	મધ
Horse	ઘોડો
Rice	ચોખા
Seeds	બીજ
Water	પાણી

Farm #2
ફાર્મ #2

Animals	પ્રાણીઓ
Barley	જવ
Barn	બાર્ન
Beehive	મધપૂડો
Corn	મકાઈ
Duck	બતક
Farmer	ખેડૂત
Food	ખોરાક
Fruit	ફળ
Geese	હંસ
Irrigation	સચિાઇ
Lamb	લેમ્બ
Llama	લામા
Milk	દૂધ
Sheep	ઘેટાં
Shepherd	ભરવાડ
Tractor	ટ્રેક્ટર
Vegetable	શાકભાજી
Wheat	ઘઉં
Windmill	પવનચક્કી

Food #1
ખોરાક #1

Apricot	જરદાળુ
Barley	જવ
Basil	બેસલિ
Carrot	ગાજર
Cinnamon	તજ
Garlic	લસણ
Juice	રસ
Lemon	લીંબુ
Milk	દૂધ
Onion	ડુંગળી
Peanut	મગફળી
Pear	પઅિર
Salad	સલાડ
Salt	મીઠું
Soup	સૂપ
Spinach	સ્પનિચ
Strawberry	સ્ટ્રોબેરી
Sugar	ખાંડ
Tuna	ટુના
Turnip	સલગમ

Food #2
ખોરાક #2

Apple	સફરજન
Artichoke	આર્ટકિોક
Banana	બનાના
Broccoli	બ્રોકોલી
Celery	સેલરી
Cheese	ચીઝ
Cherry	ચેરી
Chicken	ચકિન
Chocolate	ચોકલેટ
Egg	ઈંડું
Eggplant	રીંગણ
Fish	માછલી
Grape	દ્રાક્ષ
Ham	હેમ
Kiwi	કવિી
Mushroom	મશરૂમ
Rice	ચોખા
Tomato	ટામેટા
Wheat	ઘઉં
Yogurt	દહીં

Force and Gravity

બળ અને ગુરુત્વાકર્ષણ

Axis	ધરી
Center	કેન્દ્ર
Discovery	શોધ
Distance	અંતર
Dynamic	ગતશીલ
Expansion	વસ્તિરણ
Friction	ઘર્ષણ
Impact	અસર
Magnetism	મેગ્નેટઝિમ
Mechanics	મકિનક્સિ
Motion	ગતિ
Orbit	ભ્રમણકક્ષા
Physics	ભૌતકિશાસ્ત્ર
Planets	ગ્રહો
Pressure	દબાણ
Properties	ગુણધર્મો
Speed	ઝડપ
Time	સમય
Universal	સાર્વત્રકિ
Weight	વજન

Fruit

ફળ

Apple	સફરજન
Apricot	જરદાળુ
Avocado	એવોકાડો
Banana	બનાના
Berry	બેરી
Cherry	ચેરી
Fig	અંજીર
Grape	દ્રાક્ષ
Guava	જામફળ
Kiwi	કવિી
Lemon	લીંબુ
Mango	કેરી
Melon	તરબૂચ
Nectarine	નેક્ટેરનિ
Orange	નારંગી
Papaya	પપૈયા
Peach	પીચ
Pear	પઅિર
Pineapple	અનેનાસ
Raspberry	રાસબરી

Garden

ગાર્ડન

Bench	બેન્ચ
Bush	બુશ
Fence	વાડ
Flower	ફૂલ
Garage	ગેરેજ
Garden	બગીચો
Grass	ઘાસ
Hose	ટોટી
Lawn	લૉન
Pond	તળાવ
Porch	મંડપ
Rake	દાંતી
Rocks	ખડકો
Shovel	પાવડો
Soil	માટી
Terrace	ટૅરેસ
Trampoline	ટ્રેમ્પોલનિ
Tree	વૃક્ષ
Weeds	નીંદણ

Geography

ભૂગોળ

Altitude	ઊંચાઈ
Atlas	એટલાસ
City	શહેર
Continent	ખંડ
Country	દેશ
Elevation	એલવિશન
Hemisphere	ગોળાર્ધ
Island	ટાપુ
Latitude	અક્ષાંશ
Map	નકશો
Meridian	મેરડિયિન
Mountain	પર્વત
North	ઉત્તર
Ocean	મહાસાગર
River	નદી
Sea	સમુદ્ર
South	દક્ષણિ
Territory	પ્રદેશ
West	પશ્ચમિ
World	વશ્વિ

Geology

ભૂસ્તરશાસ્ત્ર

Acid	એસડિ
Calcium	કેલ્શયિમ
Cavern	કેવર્ન
Continent	ખંડ
Coral	કોરલ
Crystals	ક્રસ્ટિલ્સ
Cycles	ચક્ર
Earthquake	ભૂકંપ
Erosion	ધોવાણ
Fossil	અશ્મિ
Geyser	ગીઝર
Lava	લાવા
Layer	સ્તર
Molten	પીગળેલા
Quartz	ક્વાર્ટ્ઝ
Salt	મીઠું
Stalactite	સ્ટેલેક્ટાઇટ
Stone	પથ્થર
Volcano	જ્વાળામુખી
Zone	ઝોન

Geometry

ભૂમતિ

Angle	કોણ
Calculation	ગણતરી
Circle	વર્તુળ
Curve	વળાંક
Diameter	વ્યાસ
Dimension	પરમિાણ
Equation	સમીકરણ
Height	ઊંચાઈ
Horizontal	આડું
Logic	તર્ક
Mass	માસ
Median	મધ્ય
Number	સંખ્યા
Parallel	સમાંતર
Proportion	પ્રમાણ
Segment	સેગમેન્ટ
Surface	સપાટી
Symmetry	સમપ્રમાણતા
Theory	સદ્ધિાંત
Triangle	ત્રકિોણ

Global Warming
ગ્લોબલ વોર્મિંગ

Arctic	આર્કટિક
Attention	ધ્યાન
Climate	આબોહવા
Consequences	પરિણામો
Crisis	કટોકટી
Data	ડેટા
Development	વિકાસ
Energy	ઊર્જા
Environmental	પર્યાવરણીય
Future	ભવિષ્ય
Gas	ગેસ
Generations	પેઢીઓ
Government	સરકાર
Industry	ઉદ્યોગ
International	આંતરરાષ્ટ્રીય
Legislation	કાયદો
Now	હવે
Populations	વસ્તી
Scientist	વૈજ્ઞાનિક
Temperatures	તાપમાન

Government
સરકાર

Citizenship	નાગરિકતા
Civil	સિવિલ
Constitution	બંધારણ
Democracy	લોકશાહી
Discussion	ચર્ચા
District	જિલ્લો
Equality	સમાનતા
Independence	સ્વતંત્રતા
Judicial	ન્યાયિક
Justice	ન્યાય
Law	કાયદો
Leader	નેતા
Liberty	લિબર્ટી
Monument	સ્મારક
Nation	રાષ્ટ્ર
Peaceful	શાંતિપૂર્ણ
Politics	રાજકારણ
Speech	ભાષણ
State	રાજ્ય
Symbol	પ્રતીક

Health and Wellness #1
આરોગ્ય અને સુખાકારી #1

Active	સક્રિય
Bacteria	બેક્ટેરિયા
Clinic	ક્લિનિક
Doctor	ડૉક્ટર
Fracture	અસ્થિભંગ
Habit	આદત
Height	ઊંચાઈ
Hormones	હોર્મોન્સ
Hunger	ભૂખ
Injury	ઈજા
Medicine	દવા
Muscles	સ્નાયુઓ
Nerves	ચેતા
Pharmacy	ફાર્મસી
Reflex	રીફ્લેક્સ
Relaxation	આરામ
Skin	ત્વચા
Therapy	ઉપચાર
Treatment	સારવાર
Virus	વાયરસ

Health and Wellness #2
આરોગ્ય અને સુખાકારી #2

Allergy	એલર્જી
Anatomy	એનાટોમી
Appetite	ભૂખ
Blood	લોહી
Calorie	કેલરી
Dehydration	નિર્જલીકરણ
Diet	આહાર
Disease	રોગ
Energy	ઊર્જા
Genetics	જિનેટિક્સ
Healthy	સ્વસ્થ
Hospital	હોસ્પિટલ
Hygiene	સ્વચ્છતા
Infection	ચેપ
Massage	મસાજ
Nutrition	પોષણ
Recovery	પુનઃપ્રાપ્તિ
Stress	તણાવ
Vitamin	વિટામિન
Weight	વજન

Herbalism
હર્બાલિઝમ

Aromatic	સુગંધિત
Basil	બેસિલ
Beneficial	ફાયદાકારક
Culinary	રાંધણ
Fennel	વરિયાળી
Flavor	સ્વાદ
Flower	ફૂલ
Garden	બગીચો
Garlic	લસણ
Green	લીલા
Ingredient	ઘટક
Lavender	લવંડર
Marjoram	માર્જોરમ
Mint	ફુદીનો
Oregano	ઓરેગાનો
Plant	પ્લાન્ટ
Quality	ગુણવત્તા
Rosemary	રોઝમેરી
Saffron	કેસર
Tarragon	ટેરેગન

Hiking
હાઇકિંગ

Animals	પ્રાણીઓ
Boots	બુટ
Camping	કેમ્પિંગ
Climate	આબોહવા
Guides	માર્ગદર્શિકાઓ
Heavy	ભારે
Map	નકશો
Mosquitoes	મચ્છર
Mountain	પર્વત
Nature	પ્રકૃતિ
Orientation	ઓરિએન્ટેશન
Parks	પાર્ક
Preparation	તૈયારી
Stones	પથ્થરો
Summit	સમિટ
Sun	સૂર્ય
Water	પાણી
Weather	હવામાન
Wild	જંગલી

House

હાઉસ

Attic	એટીક
Bedroom	બેડરૂમ
Broom	સાવરણી
Chimney	ચીમની
Door	બારણું
Fence	વાડ
Fireplace	સગડી
Floor	માળ
Furniture	ફર્નચિર
Garage	ગેરેજ
Garden	બગીચો
Kitchen	રસોડું
Lamp	દીવો
Library	પુસ્તકાલય
Mirror	મરિર
Roof	છત
Room	રૂમ
Shower	સ્નાન
Wall	દીવાલ
Window	વનિ્ડો

Human Body

માનવ શરીર

Ankle	પગની ઘૂંટી
Blood	લોહી
Brain	મગજ
Chin	ચીન
Ear	કાન
Elbow	કોણી
Face	ફેસ
Finger	આંગળી
Hand	હાથ
Head	હેડ
Heart	હૃદય
Jaw	જડબા
Knee	ઘૂંટણ
Leg	લેગ
Lips	હોઠ
Mouth	મોં
Neck	ગરદન
Nose	નાક
Shoulder	ખભો
Skin	ત્વચા

Insects

જંતુઓ

Ant	કીડી
Aphid	અફડિ
Bee	મધમાખી
Beetle	ભમરો
Butterfly	બટરફ્લાય
Cicada	સીઆઈસીએડીએ
Cockroach	વંદો
Dragonfly	વાણયિો
Flea	ચાંચડ
Grasshopper	ખડમાકડી
Hornet	હોર્નેટ
Ladybug	લેડીબગ
Larva	લાર્વા
Locust	તીડ
Mantis	મન્ટસિ
Mosquito	મચ્છર
Moth	મોથ
Termite	ઉધઈ
Wasp	ભમરી
Worm	કૃમિ

Jazz

જાઝ

Album	આલ્બમ
Applause	અભવિાદન
Artist	કલાકાર
Composer	સંગીતકાર
Composition	રચના
Concert	કોન્સર્ટ
Drums	ડ્રમ્સ
Emphasis	ભાર
Famous	પ્રખ્યાત
Favorites	મનપસંદ
Influences	પ્રભાવ
Music	સંગીત
New	નવું
Old	ઓલ્ડ
Orchestra	ઓર્કેસ્ટ્રા
Rhythm	લય
Song	ગીત
Style	શૈલી
Talent	પ્રતભિા
Technique	ટેકનકિ

Kitchen

રસોડું

Apron	પટ્ટી
Bowl	બાઉલ
Chopsticks	ચોપસ્ટક્સિ
Cups	કપ
Food	ખોરાક
Forks	કાંટો
Freezer	ફ્રીઝર
Grill	ગ્રીલ
Jar	જાર
Jug	જગ
Kettle	કેટલ
Knives	છરીઓ
Ladle	કડછો
Napkin	નેપકનિ
Oven	ઓવન
Recipe	રેસીપી
Refrigerator	રેફ્રજિરેટર
Spices	મસાલા
Sponge	સ્પોન્જ
Spoons	ચમચી

Landscapes

લેન્ડસ્કેપ્સ

Beach	બીચ
Cave	ગુફા
Desert	રણ
Geyser	ગીઝર
Glacier	ગ્લેશયિર
Hill	ટેકરી
Iceberg	આઈસબર્ગ
Island	ટાપુ
Lake	તળાવ
Mountain	પર્વત
Oasis	ઓએસસિ
Ocean	મહાસાગર
Peninsula	દ્વીપકલ્પ
River	નદી
Sea	સમુદ્ર
Swamp	સ્વેમ્પ
Tundra	ટુંડ્ર
Valley	ખીણ
Volcano	જ્વાળામુખી
Waterfall	ધોધ

Literature
સાહિત્ય

Analogy	અનુરૂપ
Analysis	વિશ્લેષણ
Anecdote	ટુચકો
Author	લેખક
Biography	જીવનચરિત્ર
Comparison	સરખામણી
Conclusion	નિષ્કર્ષ
Description	વર્ણન
Dialogue	સંવાદ
Fiction	ફિક્શન
Metaphor	રૂપક
Narrative	કથા
Novel	નવલકથા
Opinion	અભિપ્રાય
Poem	કવિતા
Poetic	કાવ્યાત્મક
Rhythm	લય
Style	શૈલી
Theme	થીમ
Tragedy	દુર્ઘટના

Mammals
સસ્તન પ્રાણીઓ

Bear	રીંછ
Beaver	બીવર
Bull	બુલ
Cat	બિલાડી
Coyote	કોયોટે
Dog	કૂતરો
Dolphin	ડોલ્ફિન
Elephant	હાથી
Fox	શિયાળ
Giraffe	જિરાફ
Gorilla	ગોરિલા
Horse	ઘોડો
Kangaroo	કાંગારૂ
Lion	સિંહ
Monkey	વાનર
Rabbit	સસલું
Sheep	ઘેટાં
Whale	વ્હેલ
Wolf	વરુ
Zebra	ઝેબ્રા

Measurements
માપ

Byte	બાઈટ
Centimeter	સેન્ટીમીટર
Decimal	દશાંશ
Degree	ડિગ્રી
Depth	ઊંડાઈ
Gram	ગ્રામ
Height	ઊંચાઈ
Inch	ઈંચ
Kilogram	કિલોગ્રામ
Kilometer	કિલોમીટર
Length	લંબાઈ
Liter	લિટર
Mass	માસ
Meter	મીટર
Minute	મિનિટ
Ounce	ઔંસ
Ton	ટન
Volume	વોલ્યુમ
Weight	વજન
Width	પહોળાઈ

Meditation
ધ્યાન

Acceptance	સ્વીકૃતિ
Attention	ધ્યાન
Awake	જાગૃત
Breathing	શ્વાસ
Calm	શાંત
Clarity	સ્પષ્ટતા
Compassion	કરુણા
Emotions	લાગણીઓ
Gratitude	કૃતજ્ઞતા
Happiness	સુખ
Kindness	દયા
Mental	માનસિક
Mind	મન
Movement	ચળવળ
Music	સંગીત
Nature	પ્રકૃતિ
Peace	શાંતિ
Perspective	પરિપ્રેક્ષ્ય
Silence	મૌન
Thoughts	વિચારો

Money
નાણાં

Bank	બેંક
Budget	બજેટ
Cash	રોકડ
Cheap	સસ્તું
Credit	ક્રેડિટ
Currency	ચલણ
Debt	દેવું
Discount	ડિસ્કાઉન્ટ
Earnings	કમાણી
Economics	અર્થશાસ્ત્ર
Economy	અર્થતંત્ર
Expense	ખર્ચ
Finance	ફાઈનાન્સ
Funds	ભંડોળ
Income	આવક
Sales	વેચાણ
Savings	બચત
Taxes	કર
Wallet	વૉલેટ

Music
સંગીત

Album	આલ્બમ
Chorus	કોરસ
Classical	શાસ્ત્રીય
Eclectic	સારગ્રાહી
Harmonic	હાર્મોનિક
Harmony	સંપ
Instrument	સાધન
Lyrical	ભાવાત્મક
Melody	મેલોડી
Microphone	માઇક્રોફોન
Musical	મ્યુઝિકલ
Musician	સંગીતકાર
Opera	ઓપેરા
Poetic	કાવ્યાત્મક
Recording	રેકોર્ડિંગ
Rhythm	લય
Rhythmic	લયબદ્ધ
Sing	સિંગ
Singer	ગાયક
Tempo	ટેમ્પો

Musical Instruments
મ્યુઝિકલ ઈન્સ્ટ્રુમેન્ટ્સ

Banjo	બેન્જો
Bassoon	બાસ્સૂન
Cello	સેલો
Chimes	ચાઈમ્સ
Clarinet	ક્લેરીનેટ
Drum	ડ્રમ
Flute	વાંસળી
Gong	ગોંગ
Guitar	ગિટાર
Harp	હાર્પ
Mandolin	મેન્ડોલીન
Marimba	મારિમ્બા
Oboe	ઓબીઓઈ
Percussion	પર્ક્યુશન
Piano	પિયાનો
Saxophone	સેક્સોફોન
Tambourine	ખંજરી
Trombone	ટ્રોમ્બોન
Trumpet	ટ્રમ્પેટ
Violin	વાયોલિન

Mythology
માયથોલોજી

Archetype	પ્રકાર
Behavior	વર્તન
Beliefs	માન્યતાઓ
Creation	સર્જન
Creature	પ્રાણી
Culture	સંસ્કૃતિ
Deities	દેવતાઓ
Disaster	આપત્તિ
Heaven	સ્વર્ગ
Hero	હીરો
Immortality	અમરત્વ
Jealousy	ઈર્ષ્યા
Labyrinth	ભુલભુલામણી
Legend	દંતકથા
Lightning	લાઈટનિગ
Monster	મોન્સ્ટર
Mortal	નશ્વર
Revenge	બદલો
Thunder	ગર્જના
Warrior	વોરિયર

Nature
કુદરત

Animals	પ્રાણીઓ
Arctic	આર્કટિક
Beauty	સુંદરતા
Clouds	વાદળો
Desert	રણ
Dynamic	ગતિશીલ
Erosion	ધોવાણ
Fog	ધુમ્મસ
Foliage	પર્ણસમૂહ
Forest	વન
Glacier	ગ્લેશિયર
Mountains	પર્વતો
Peaceful	શાંતિપૂર્ણ
River	નદી
Sanctuary	અભયારણ્ય
Serene	શાંત
Shelter	આશ્રય
Tropical	ઉષ્ણકટિબંધીય
Vital	મહત્વપૂર્ણ
Wild	જંગલી

Numbers
સંખ્યાઓ

Decimal	દશાંશ
Eight	આઠ
Eighteen	અઢાર
Fifteen	પંદર
Five	પાંચ
Four	ચાર
Fourteen	ચૌદ
Nine	નવ
Nineteen	ઓગણીસ
One	એક
Seven	સાત
Seventeen	સત્તર
Six	છ
Sixteen	સોળ
Ten	દસ
Thirteen	તેર
Three	ત્રણ
Twelve	બાર
Twenty	વીસ
Two	બે

Nutrition
પોષણ

Appetite	ભૂખ
Balanced	સંતુલિત
Bitter	કડવો
Calories	કેલરી
Diet	આહાર
Digestion	પાચન
Edible	ખાદ્ય
Fermentation	આથો
Flavor	સ્વાદ
Health	આરોગ્ય
Healthy	સ્વસ્થ
Liquids	પ્રવાહી
Nutrient	પોષક
Proteins	પ્રોટીન
Quality	ગુણવત્તા
Sauce	સોસ
Spices	મસાલા
Toxin	ઝેર
Vitamin	વિટામિન
Weight	વજન

Ocean
મહાસાગર

Algae	શેવાળ
Coral	કોરલ
Crab	કરચલા
Dolphin	ડોલ્ફિન
Fish	માછલી
Jellyfish	જેલીફિશ
Octopus	ઓક્ટોપસ
Oyster	ઓઈસ્ટર
Reef	રીફ
Salt	મીઠું
Seaweed	સીવીડ
Shark	શાર્ક
Shrimp	ઝીગા
Sponge	સ્પોન્જ
Storm	તોફાન
Tides	ભરતી
Tuna	ટુના
Turtle	કાચબો
Waves	તરંગો
Whale	વ્હેલ

Philanthropy
પરોપકારી

Challenges	પડકારો
Children	બાળકો
Community	સમુદાય
Contacts	સંપર્કો
Donate	દાન
Finance	ફાઇનાન્સ
Funds	ભંડોળ
Generosity	ઉદારતા
Global	વૈશ્વિક
Goals	ગોલ
Groups	જૂથો
History	ઇતિહાસ
Honesty	પ્રામાણિકતા
Humanity	માનવતા
Mission	મિશન
Need	જરૂર
People	લોકો
Programs	કાર્યક્રમો
Public	જાહેર
Youth	યુવા

Physics
ભૌતિકશાસ્ત્ર

Acceleration	પ્રવેગ
Chaos	અણબનાવ
Chemical	કેમિકલ
Density	ઘનતા
Electron	વીજાણુ
Engine	એંજિન
Expansion	વિસ્તરણ
Formula	ફોર્મ્યુલા
Frequency	આવર્તન
Gas	ગેસ
Magnetism	મેગ્નેટિઝમ
Mass	માસ
Mechanics	મિકનિક્સ
Molecule	અણુ
Nuclear	પરમાણુ
Particle	કણ
Relativity	સાપેક્ષતા
Speed	ઝડપ
Universal	સાર્વત્રિક
Velocity	વેગ

Plants
છોડ

Bamboo	વાંસ
Bean	બીન
Berry	બેરી
Blossom	બ્લોસમ
Bush	બુશ
Cactus	કેક્ટસ
Fertilizer	ખાતર
Flora	ફ્લોરા
Flower	ફૂલ
Foliage	પર્ણસમૂહ
Forest	વન
Garden	બગીચો
Grass	ઘાસ
Ivy	આઇ.વી.આઇ.
Moss	મોસ
Petal	પાંખડી
Root	રુટ
Stem	સ્ટેમ
Tree	વૃક્ષ
Vegetation	વનસ્પતિ

Professions #1
વ્યવસાયો #1

Ambassador	રાજદૂત
Astronomer	ખગોળશાસ્ત્રી
Attorney	વકીલ
Banker	બેંકર
Cartographer	માનચિત્રકાર
Coach	કોચ
Dancer	ડાન્સર
Doctor	ડૉક્ટર
Editor	સંપાદક
Firefighter	અગ્નિશામક
Hunter	શિકારી
Jeweler	ઝવેરી
Musician	સંગીતકાર
Nurse	નર્સ
Pianist	પિયાનોવાદક
Plumber	પ્લમ્બર
Psychologist	સાયકોલોજિસ્ટ
Sailor	નાવિક
Tailor	દરજી
Veterinarian	પશુચિકિત્સક

Professions #2
વ્યવસાયો #2

Astronaut	અવકાશયાત્રી
Biologist	જીવવિજ્ઞાની
Chemist	રસાયણશાસ્ત્રી
Dentist	દંત ચિકિત્સક
Detective	ડિટેક્ટીવ
Engineer	ઇજનેર
Farmer	ખેડૂત
Gardener	માળી
Inventor	શોધક
Journalist	પત્રકાર
Librarian	ગ્રંથપાલ
Linguist	ભાષાશાસ્ત્રી
Painter	ચિત્રકાર
Philosopher	ફિલસૂફ
Photographer	ફોટોગ્રાફર
Physician	ફિઝિશિયન
Pilot	પાઇલટ
Researcher	સંશોધક
Surgeon	સર્જન
Teacher	શિક્ષક

Psychology
મનોવિજ્ઞાન

Appointment	નિમણૂક
Assessment	મૂલ્યાંકન
Behavior	વર્તન
Childhood	બાળપણ
Clinical	ક્લિનિકલ
Cognition	સમજશક્તિ
Conflict	સંઘર્ષ
Ego	અહંકાર
Emotions	લાગણીઓ
Experiences	અનુભવો
Influences	પ્રભાવ
Perception	ધારણા
Personality	વ્યક્તિત્વ
Problem	સમસ્યા
Reality	વાસ્તવિકતા
Sensation	સંવેદના
Subconscious	અર્ધજાગ્રત
Therapy	ઉપચાર
Thoughts	વિચારો
Unconscious	બેભાન

Restaurant #1
રેસ્ટોરન્ટ #1

Allergy	એલર્જી
Bowl	બાઉલ
Bread	બ્રેડ
Cashier	કેશિયર
Chicken	ચિકન
Coffee	કોફી
Dessert	ડેઝર્ટ
Food	ખોરાક
Ingredients	ઘટકો
Kitchen	રસોડું
Knife	છરી
Meat	માંસ
Menu	મેનુ
Napkin	નેપકિન
Plate	પ્લેટ
Reservation	આરક્ષણ
Sauce	સોસ
Spicy	મસાલેદાર
Waitress	વેઇટ્રેસ

Restaurant #2
રેસ્ટોરન્ટ #2

Beverage	પીણું
Cake	કેક
Chair	ખુરશી
Delicious	સ્વાદિષ્ટ
Dinner	રાત્રિભોજન
Fish	માછલી
Fork	કાંટો
Fruit	ફળ
Ice	બરફ
Lunch	લંચ
Noodles	નૂડલ્સ
Salad	સલાડ
Salt	મીઠું
Soup	સૂપ
Spices	મસાલા
Spoon	ચમચી
Vegetables	શાકભાજી
Waiter	વેઇટર
Water	પાણી

Science
વિજ્ઞાન

Atom	અણુ
Chemical	કેમિકલ
Climate	આબોહવા
Data	ડેટા
Evolution	ઉત્ક્રાંતિ
Experiment	પ્રયોગ
Fact	હકીકત
Fossil	અશ્મિ
Gravity	ગુરુત્વાકર્ષણ
Hypothesis	પૂર્વધારણા
Laboratory	લેબોરેટરી
Method	પદ્ધતિ
Molecules	મોલેક્યુલ્સ
Nature	પ્રકૃતિ
Observation	અવલોકન
Organism	સજીવ
Particles	કણો
Physics	ભૌતિકશાસ્ત્ર
Plants	છોડ
Scientist	વૈજ્ઞાનિક

Science Fiction
વિજ્ઞાન સાહિત્ય

Atomic	અણુ
Books	પુસ્તકો
Chemicals	રસાયણો
Cinema	સિનેમા
Distant	દૂર
Dystopia	ડાયસ્ટોપિયા
Explosion	વિસ્ફોટ
Fantastic	વિચિત્ર
Fire	આગ
Futuristic	ભવિષ્યવાદી
Galaxy	ગેલેક્સી
Illusion	ભ્રમ
Imaginary	કાલ્પનિક
Mysterious	રહસ્યમય
Oracle	ઓરેકલ
Planet	ગ્રહ
Robots	રોબોટ્સ
Technology	ટેકનોલોજી
Utopia	યુટોપિયા
World	વિશ્વ

Scientific Disciplines
વૈજ્ઞાનિક શિસ્ત

Anatomy	એનાટોમી
Astronomy	ખગોળશાસ્ત્ર
Biology	બાયોલોજી
Chemistry	કેમિસ્ટ્રી
Ecology	ઈકોલોજી
Geology	ભૂસ્તરશાસ્ત્ર
Immunology	ઈમ્યુનોલોજી
Kinesiology	કિનેસિઓલોજી
Linguistics	ભાષાશાસ્ત્ર
Mechanics	મિકેનિક્સ
Meteorology	હવામાનશાસ્ત્ર
Mineralogy	મિનરલૉજી
Neurology	ન્યુરોલોજી
Nutrition	પોષણ
Physics	ભૌતિકશાસ્ત્ર
Physiology	ફિઝિયોલોજી
Psychology	મનોવિજ્ઞાન
Robotics	રોબોટિક્સ
Sociology	સમાજશાસ્ત્ર
Zoology	પ્રાણીશાસ્ત્ર

Shapes
આકારો

Arc	ચાપ
Circle	વર્તુળ
Cone	શંકુ
Corner	કોર્નર
Cube	ક્યુબ
Curve	વળાંક
Cylinder	સિલિન્ડર
Ellipse	લંબગોળ
Hyperbola	હાયપરબોલા
Line	લીટી
Oval	અંડાકાર
Polygon	બહુકોણ
Prism	પ્રિઝમ
Pyramid	પિરામિડ
Rectangle	લંબચોરસ
Round	ગોળ
Side	બાજુ
Square	ચોરસ
Triangle	ત્રિકોણ

Spices
મસાલા

Bitter	કડવો
Cardamom	એલચી
Cinnamon	તજ
Clove	લવિંગ
Coriander	ધાણા
Cumin	જીરું
Curry	કરી
Fennel	વરિયાળી
Fenugreek	મેથી
Flavor	સ્વાદ
Garlic	લસણ
Ginger	આદુ
Licorice	જેઠીમધ
Nutmeg	જાયફળ
Onion	ડુંગળી
Paprika	પૅપ્રિકા
Saffron	કેસર
Salt	મીઠું
Sweet	સ્વીટ
Vanilla	વેનીલા

The Company
કંપની

Business	વ્યવસાય
Creative	સર્જનાત્મક
Decision	નિર્ણય
Employment	રોજગાર
Global	વૈશ્વિક
Industry	ઉદ્યોગ
Innovative	નવીન
Investment	રોકાણ
Possibility	શક્યતા
Presentation	પ્રસ્તુતિ
Product	ઉત્પાદન
Progress	પ્રગતિ
Quality	ગુણવત્તા
Reputation	પ્રતિષ્ઠા
Resources	સંસાધનો
Revenue	આવક
Risks	જોખમો
Units	એકમો
Wages	વેતન

The Media
મીડિયા

Attitudes	વલણ
Communication	સંચાર
Digital	ડિજિટલ
Edition	આવૃત્તિ
Education	શિક્ષણ
Facts	હકીકતો
Funding	ભંડોળ
Images	ચિત્રો
Individual	વ્યક્તિગત
Industry	ઉદ્યોગ
Intellectual	બૌદ્ધિક
Local	સ્થાનિક
Network	નેટવર્ક
Online	ઓનલાઇન
Opinion	અભિપ્રાય
Photos	ફોટા
Public	જાહેર
Radio	રેડિયો
Television	ટેલિવિઝન

Time
સમય

Annual	વાર્ષિક
Before	પહેલાં
Calendar	કેલેન્ડર
Century	સદી
Clock	ઘડિયાળ
Day	દિવસ
Decade	દસકો
Early	પ્રારંભિક
Future	ભવિષ્ય
Hour	કલાક
Minute	મિનિટ
Month	મહિનો
Morning	સવાર
Night	રાત
Noon	બપોર
Now	હવે
Soon	ટૂંક સમયમાં
Today	આજે
Week	સપ્તાહ
Year	વર્ષ

Town
ટાઉન

Airport	એરપોર્ટ
Bakery	બેકરી
Bank	બેંક
Bookstore	બુકસ્ટોર
Cinema	સિનેમા
Clinic	ક્લિનિક
Florist	ફ્લોરિસ્ટ
Gallery	ગેલેરી
Hotel	હોટેલ
Library	પુસ્તકાલય
Market	બજાર
Museum	મ્યુઝિયમ
Pharmacy	ફાર્મસી
School	શાળા
Stadium	સ્ટેડિયમ
Store	દુકાન
Supermarket	સુપરમાર્કેટ
Theater	થિયેટર
University	યુનિવર્સિટી
Zoo	ઝૂ

Universe
બ્રહ્માંડ

Asteroid	એસ્ટરોઇડ
Astronomer	ખગોળશાસ્ત્રી
Astronomy	ખગોળશાસ્ત્ર
Atmosphere	વાતાવરણ
Celestial	આકાશી
Cosmic	કોસ્મિક
Darkness	અંધકાર
Equator	વિષુવવૃત્ત
Galaxy	ગેલેક્સી
Hemisphere	ગોળાર્ધ
Horizon	ક્ષિતિજ
Latitude	અક્ષાંશ
Moon	ચંદ્ર
Orbit	ભ્રમણકક્ષા
Sky	આકાશ
Solar	સૌર
Solstice	અયનકાળ
Telescope	ટેલિસ્કોપ
Visible	દૃશ્યમાન
Zodiac	રાશિ

Vacation #2
વેકેશન #2

Airport	એરપોર્ટ
Beach	બીચ
Camping	કેમ્પિંગ
Foreigner	વિદેશી
Holiday	રજા
Hotel	હોટેલ
Island	ટાપુ
Journey	જર્ની
Leisure	લેઝર
Map	નકશો
Mountains	પર્વતો
Passport	પાસપોર્ટ
Photos	ફોટા
Restaurant	ભોજનાલય
Sea	સમુદ્ર
Taxi	ટેક્સી
Tent	ટેન્ટ
Train	ટ્રેન
Transportation	પરિવહન
Visa	વિઝા

Vegetables
શાકભાજી

Artichoke	આર્ટિકોક
Broccoli	બ્રોકોલી
Carrot	ગાજર
Cauliflower	ફૂલકોબી
Celery	સેલરી
Cucumber	કાકડી
Eggplant	રીંગણ
Garlic	લસણ
Ginger	આદુ
Mushroom	મશરૂમ
Olive	ઓલિવ
Onion	ડુંગળી
Pea	પેં
Potato	બટાકા
Pumpkin	કોળું
Radish	મૂળો
Salad	સલાડ
Spinach	સ્પિનિચ
Tomato	ટામેટા
Turnip	સલગમ

Vehicles
વાહનો

Airplane	વિમાન
Ambulance	એમ્બ્યુલન્સ
Bicycle	સાયકલ
Boat	હોડી
Bus	બસ
Car	કાર
Caravan	કારવાં
Engine	એંજિન
Ferry	ફેરી
Helicopter	હેલિકોપ્ટર
Motor	મોટર
Raft	તરાપો
Rocket	રોકેટ
Scooter	સ્કૂટર
Submarine	સબમરીન
Subway	સબવે
Taxi	ટેક્સી
Tires	ટાયર
Tractor	ટ્રેક્ટર
Truck	ટ્રક

Virtues #1
ગુણો #1

Artistic	કલાત્મક
Charming	મોહક
Clean	સાફ
Confident	વિશ્વાસ
Curious	વિચિત્ર
Decisive	નિર્ણાયક
Efficient	કાર્યક્ષમ
Funny	રમૂજી
Generous	ઉદાર
Good	સારું
Helpful	મદદરૂપ
Imaginative	કલ્પનાશીલ
Independent	સ્વતંત્ર
Intelligent	બુદ્ધિશાળી
Modest	મોડેસ્ટ
Passionate	પ્રખર
Patient	દર્દી
Practical	વ્યવહારુ
Reliable	વિશ્વસનીય

Congratulations

You made it!

We hope you enjoyed this book as much as we enjoyed making it. We do our best to make high quality games.
These puzzles are designed in a clever way for you to learn actively while having fun!

Did you love them?

A Simple Request

Our books exist thanks your reviews. Could you help us by leaving one now?

Here is a short link which will take you to your order review page:

BestBooksActivity.com/Review50

MONSTER CHALLENGE!

Challenge #1

Ready for Your Bonus Game? We use them all the time but they are not so easy to find. Here are **Synonyms**!

Note 5 words you discovered in each of the Puzzles noted below (#21, #36, #76) and try to find 2 synonyms for each word.

Note 5 Words from *Puzzle 21*

Words	Synonym 1	Synonym 2

Note 5 Words from *Puzzle 36*

Words	Synonym 1	Synonym 2

Note 5 Words from *Puzzle 76*

Words	Synonym 1	Synonym 2

Challenge #2

Now that you are warmed-up, note 5 words you discovered in each Puzzle noted below (#9, #17, #25) and try to find 2 antonyms for each word. How many lines can you do in 20 minutes?

Note 5 Words from **Puzzle 9**

Words	Antonym 1	Antonym 2

Note 5 Words from **Puzzle 17**

Words	Antonym 1	Antonym 2

Note 5 Words from **Puzzle 25**

Words	Antonym 1	Antonym 2

Challenge #3

Wonderful, this monster challenge is nothing to you!

Ready for the last one? Choose your 10 favorite words discovered in any of the Puzzles and note them below.

1.	6.
2.	7.
3.	8.
4.	9.
5.	10.

Now, using these words and within a maximum of six sentences, your challenge is to compose a text about a person, animal or place that you love!

Tip: You can use the last blank page of this book as a draft!

Your Writing:

Explore a Unique Store
Set Up **FOR YOU!**

MEGA DEALS

BestActivityBooks.com/**TheStore**

Designed for Entertainment!

Light Up Your Brain With Unique **Gift Ideas**.

Access **Surprising** And **Essential Supplies!**

CHECK OUT OUR MONTHLY SELECTION NOW!

- Expertly Crafted Products -

NOTEBOOK:

SEE YOU SOON!

Linguas Classics Team

ENJOY FREE GAMES

NOW ON

BESTACTIVITYBOOKS.COM/FREEGAMES

www.ingramcontent.com/pod-product-compliance
Lightning Source LLC
Chambersburg PA
CBHW082150120626
46553CB00010B/2842
9798896709930